大展好書 好書大展

大展好書 好書大展

實用心理學講座

19

解讀金錢心理

多湖輝／著
廖松濤／譯

大展出版社有限公司

序—如何善用金錢而不淪爲金錢的奴隸

人爲什麼總是被金錢操縱

每個人對金錢的看法，以及使用金錢的方式各不相同。

有些人從年輕時代開始就省吃儉用，辛辛苦苦存下幾十萬元，然而終其一生亦未曾享受過任何榮華富貴，便撒手西歸。相反的，有些人意外地發了一筆橫財，却不知善自珍惜，竟在一夜之間花光。

還有些人辛勤工作了三十年，退休時領了一筆可觀的退休金，由於聽信讒言，把錢拿去放高利貸或投資不當，導致血本無歸，身敗名裂。甚至有些人僅為了貪圖一些小利，而落個貪污的罪名，結果妻離子散，祖先蒙羞。

像上述種種情形，都是金錢惹的禍，所以金錢的應用是否恰當？可以決定其人一生的幸與不幸，影響甚鉅。然而，人只要碰到與金錢有關的事，往往很難控制自己，甚至或多或少還有反被金錢控制的傾向。

例如筆者有位相交二十年的摯友，只因區區一萬元的借貸問題，使使得本身的人際關係發生嚴重的問題。相信任何人被批評為「吝嗇鬼」都會覺得心理不舒服，而且還會遭對方嫌惡。於是為了不落個小氣的醜名，只好打腫臉充胖子，動輒大宴賓客，小則送禮送金，無形中浪費許多不該花的金錢，自己也後悔莫及。

這些都表示任何人一旦與金錢扯上關係時，無論心理狀態或行動都與平時截然不同。或許這就是所謂的「金錢魔力」，的確，惟有金錢才能控制一個人的思想行動。

金錢與自我的本質關係密切

為什麼金錢可使人喪心病狂、迷失自我呢？這是因為金錢與人類自我的本質有密不可分的關係。

舉例而言，如果有人問你：「你一天喝幾杯咖啡？」大概不會有人隱瞞不說，「我一天喝三杯咖啡。」或「我不喝咖啡。」這是因為喝不喝咖啡並不是很大的問題，而且都是表面上的事情，卽使讓人知道，對自己並無任何影響。

可是，如果別人問你：「你一個月薪水多少？」那情況就不同了。大多數的人都會避而不談，換句話說，每人內心深處都有一股反抗的心理，拒絕說出自己的薪水，頂多敷衍地說：「一、二萬左右」或「和一般行情差不多」或者乾脆說：「你猜呢？」甚至有些人還會說謊。

為什麼大家會對自己的薪水保密呢？因為一般人心理老覺得若直接說出答案，如此微薄的待遇讓人看不起，或者認為自己賺錢這麼少，不好意思說出來，為避免自取其辱，乾脆拒絕回答。

正因為金錢與人性本質有如此微妙的關係，因此卽使是區區小錢也足以毀人一生。曾經有個案例，一位丈夫只因妻子對他說了一句：「你一個月怎麼賺這麼一點點？」因而內心受到打擊，惱羞成怒之餘竟揮刀殺妻，演變成不可收拾的悲劇。

另一方面，任何人只要能獲得些許意外之財便欣喜若狂，無論金額多少，都感到興奮莫名。例如年輕人甫入社會，加薪時知道自己比同期進來的同事略高些，便覺得自己受到重視，於是更加努力工作，不敢稍有懈怠，這種例子可說比比皆是。

嚴格說來，所謂的金錢也不過是一張印刷粗糙的薄紙片，或是一塊價值微小的金屬片而已。以前我曾參觀過印製鈔票的情形，在一張偌大的白紙上印上圖案，再切割為數十張，當我最初拿到尚未印製的白紙時，真不敢相信這張紙竟值數千元，也不敢相信它竟有這麼大的力量，足以顛倒衆生，使人類為它瘋狂不已。只要這張紙片一旦被社會全體所認定「具有某種價值」時，馬上就成為一張炙手可熱的鈔票。只要擁有它，就可以為所欲為，滿足自己的物慾。

如此看來，金錢不僅是滿足人類慾望的一種手段，同時也是人類慾望的一大象徵，可使人迷亂心志，甚而喪失本性，操縱人們走向不可知的險路。

如何善用金錢

最近坊間出現許多有關生財之道的書籍，這都是因為有很多人對現況不滿，又對不可抗拒的年老感到不安，於是積極研究金錢貯蓄方法，及發財學等，希望獲得更多的金錢，以保障未來的生活幸福。當然，人們想追求更多的財富，是理所當然的事，相信沒有任何人會拒財富於千里之外吧！

然而，筆者認為即使熟知如何儲蓄、如何賺錢，也未必能成為家財萬貫的大富翁。

事實上，稍有積蓄的人，未必都是收入豐富的高薪階級，同樣的，月入數十萬的人，往往存款是零的也不在少數。同時還有年薪雖僅數十萬，存款却高達數百萬的人。

為什麼會如此呢？簡單的說，對金錢的使用方法正確與否，才是造成此種差距的關鍵所在。若不知如何使用金錢，只一味地被金錢控制，縱使閱讀再多的書籍也是徒勞無功。

只是，就算一個人擁有巨額的存款，又能代表什麼呢？金錢雖說是滿足人類慾望的一種手段，但，若演變成生存的目的，那此人的生命又有何意義呢？

當然本書並非教導你如何儲蓄，如何致富，或如何花錢等問題，而是筆者深感金錢對人影響之巨，因而引發研究金錢與人類心理之動機，希望能了解人類心理的形成原因，然後找出一條如何善用金錢的道路，並與讀者共同探討此一問題。

正如前文所述，金錢使用得當與否可決定人一生的幸福，為了增進人類幸福，並且更懂得善用金錢，希望讀者能深自思索書中所探討的問題，也希望本書對讀者及人類幸福有所助益，此乃筆者深感為幸之事。

目錄

第二章　借貸心理學

——爲何借貸會造成人際關係惡劣——

第三章 金錢感覺的心理術

——為什麼信用卡會使用過度——

第四章　買賣心理術

——爲什麼貴的東西會覺得便宜——

第五章 賭博・儲蓄心理學
——爲什麼連輸好幾場仍不肯結束賭戰——

第一章 儲蓄・使用的方法

——爲什麼腰纏萬貫的人總是一毛不拔——

1

意外之財容易散去

如果能成爲一個大富翁，該是多麼美妙的事啊？相信任何人都有這種憧憬。如果美夢成眞，成爲家財萬貫的大富翁時，是否就能無憂無慮呢？這的確是値得探討的問題。任何人假設突然獲得一筆意外之財，屆時生活水準驟然提高，就會覺得不能適應，終日提心吊膽，不知如何支配這筆巨款，反而鎭日困坐愁城。

例如從前有很多因購買市郊土地而致富的人，最後竟因嗜酒賭博而致傾家蕩產。據說，那些暴發戶都是因爲一夜致富而心中不安，也不知如何處置，有的終日沈迷賭博，不能自拔，直到財產均消失殆盡時，才悔不當初。

稍微聰明的人，或許會把意外之財花在有用的地方。例如建造一棟自幼夢寐以求的豪華別墅，內部金碧輝煌，設備齊全，可是此人一旦居於華屋美服之中，是否眞正快樂呢？也不盡然，他還是每天出外參加築路工程的行列，藉以打發時間，這是千眞萬確的實例。

從以上例子可以看出，每個人都有自己的想法與看法，這種自我認知的觀念，是源於過去的生活體驗，不斷累積而成。然而一旦獲得一筆鉅款時，就很難調整自己以往的觀念，接受突發的事實。談得淺顯些，某人平日簞食瓢飮，居陋巷，著破衣，有一天突然中了一千萬的大獎，在以前，他根本無法想像錦衣華服的豪華生活，因此這筆意外之財與他原有的思想無法調和，便在內心產生衝突，破壞原有的生活步調。

數年前，有位窮司機拾獲一筆約百萬的鉅款，或許是良心不安吧，甚而僱請保鑣，這事爆發後立刻成爲熱門話題。不過話說回來，卽使獲得再多的金錢，過了一段時間，也會習慣於這種改變，此時不安感就會消失，能夠冷靜地思索用錢之道了。

俗語說：「不義之財理無久享。」意外獲得的財富，往往很難保有，或許這也是人類奇妙的心理因素所造成的吧！

＊對於意外之財，最好參加定期存款，暫時不要碰它。

①對自己的財富頗能知足常樂。

②時常相信致富秘訣，因而容易受騙上當。

■小富翁心理學■

③倘若意外致富，常感不知所措。

④因內心不安，只有放棄意外之財。

2 存款達一定數量時，便不再提款，以提高儲蓄慾

最近家電用品為促銷產品，特別訂定許多低於標準的價格，以刺激消費者的購買慾，本來只限於電視一項，最近連錄音機也加入降價的行列。於是高價用品的銷售量與低價用品銷售量產生了差距。另一方面，站在開發新產品的廠商而言，如果新產品不採取降價政策，也無法爭取更高的銷售業績。

如此的降價政策，使得消費者都願意解囊購買，這是因為價錢在某種程度以內時，顧客會覺得划算而毫不猶疑地購買，如果超出某一限度，可能就要夫妻共同商討後才能購買。不過金額的範圍又依人不同，某些一、二萬的商品，有人不加思索就決定購買，有人則商討甚久仍舉棋不定。

一般談到儲蓄秘訣的書籍，都會提到顧客先存二十萬元再談其他，這種心理就如同一下子要購買數萬元以上的商品，會捨不得拿出手的心理是相同的。有「金錢之神」的邱永漢先生曾說過，二十萬元的數額彷彿一塊金磚，實在不忍打破，在這

種心理下，只要先存了二十萬元，往後再增加存款就易如反掌了。

一般人總是尚未存到一定的數額，就提出來購買其他零星物品，心理想著反正以後再存就行了，可是很遺憾的，這些人以後往往無法履行諾言，如果能稍微克制自己的慾望，先存到二十萬元再說，你就會發現存一、二萬元實際上與零元無差，但存了二十萬元，那種充實感就截然不同。屆時你即使想提款購買幾千元的物品，也會覺得可惜，而打消提款的念頭。

從一無所有到一、二萬，再從一、二萬到一、二十萬，這期間的差距是很大的。如果你能存有不想破壞整數存款的念頭，自然而然就會提高儲蓄的慾望，等到存款到達一定數額時，又會對金錢產生執著，再也不會輕易揮霍了。

＊當你想存錢時，試著在尚未存到二十萬前不要提款。

3 私房錢——自由運用的金錢

一般人提到私房錢，總會先聯想到家庭主婦，然而存私房錢卻不是家庭主婦的專利，男人也有這種情形。根據調查，約有半數的薪水階級都有存私房錢的雅好，人是否都有存私房錢的本能呢？人又爲什麼會熱衷於存私房錢呢？

存私房錢的例子，最有名的當屬山內一豐的太太。當他們窮困潦倒，先生沒錢購買名馬時，她毅然決然拿出私房錢幫助先生，令先生大吃一驚。

一般女性的私房錢都是爲了預備不時之需或貼補家用。與女性比起來，男性私房錢的用途就自私多了。一般先生的私房錢總是用於自己的娛樂活動，如打高爾夫、釣魚，或添置照相器材等。這種心理不難猜出，如果丈夫要求妻子買這些東西時，必會遭到太太的反對，所以乾脆先斬後奏，偷偷存下私房錢，爲自己增添一些用品。

簡單的說，私房錢好比一筆多餘的財富，可供自己任意使用，這也是私房錢最大的好處。一般丈夫的薪水不是原封不動的交給太太，就是存進銀行，再加上孩子的教育費、生活費等等壓力，自己所得的零用金已是所剩無幾，更遑論擁有喜歡的物品，或參加休閒活動。

大多數的人都覺得自己擁有愈多的金錢，自己的身份地位愈能提高。在今日金錢萬能的時代裡，產生這種思想也是無可厚非之事，因此爲了擁有更多可自由運用的金錢，人們便產生了存私房錢的動機。相同地，如果自己所能運用的金錢太少時，人們便會更積極地存私房錢了。

許多主婦存私房錢的心理，也是這種情形。她們的原始動機是爲了先生或家庭。當遇有緊急情況時，便悄悄拿出私房錢，使丈夫感激不已，也更提高自己在丈夫心目中的地位。山內一豐太太的例子正是典型的代表。爲了向別人顯示自己的能力，享受那種成就感，家庭主婦難免也要存有一些可供自己使用的私房錢。這也是人的本性使然，所以縱有許多冠冕堂皇的理由，最後私房錢還是佔爲己用。

※私房錢的用途，卽使夫妻之間最好也能守口如瓶。

4 愈是沒錢的人，愈拒絕買便宜貨

我有一位好友，位居公司經理職位，但他常說：「錢越多，越小氣。」譬如每次去壽司店吃飯時，有「上、中、下」三級，他一定選下級，相對地，我總覺得選下級是件難為情的事，所以每次都選中級。

另外還有美國富豪洛克斐勒全家前往日本渡假時，一身牛仔T恤，過著簡樸的日式生活，絲毫沒有任何大亨的派頭。相反的，日本人前往海外旅行時，從頭至尾，包括皮鞋、皮包，無一不是重新添購的。在外國旅行的日本人，也因常常錦衣華服，出手大方，而成為宵小覬覦的對象。

像這種情形，腰纏萬貫的人卻省吃儉用，而阮囊羞澀的人反而揮霍無度，究竟是什麼心理所造成的呢？這完全是因為自尊問題。換句話說，手頭不便的人，內心會想「難道我只能買便宜貨嗎？」如果自己真是如此，就會被他人視為貧窮之人，而覺得有損自尊，因此打消購買便宜貨的念頭。雖然自己不甚富有，但為了不被人看不起，或維護僅有的自尊，寧可打腫臉充胖子，花高價買些高級品。所以說越是沒錢的人越不願買便宜貨。

對有錢的人來說，由於沒有自卑的心理障礙，所以能坦然地購買便宜貨，他們認爲只要物品本身的品質與機能沒有問題，便宜貨也不錯，何必一定要選擇高價品呢？仔細觀察起來，便知道他們是站在實際的利益觀點上來購買物品，這點正是沒錢的人最難做到的。

前幾年，市面上出現了一本『虛榮講座』立刻引起世人注目，短短幾天之內便銷售一空。在現實生活上，這種打腫臉充胖子的例子可謂屢見不鮮。有些年輕人自己身居十坪斗室，卻開著進口轎車，請女友到高級飯店，點最貴的牛排，硬擺出一付小開的濶氣。事實上對這種人嗤之以鼻的人，自己本身又如何呢？不過是五十步笑百步罷了。卽使是億萬富豪，每個人多多少少都有些虛榮心，連隨身小物都要買舶來品。而貧窮的人一旦流於虛榮，就如墜入萬丈深淵而無法自拔，只一味浪費奢侈，永遠也不可能存錢致富。相反的，有錢的人卻越存越多，成爲更有錢的人。

※爲了儲蓄致富，最好能心平氣和的購買便宜貨，袪除自卑的心理。

①越是沒錢的人，因虛榮心作祟，越喜歡買貴的東西。

②才存了一點錢就花個精光，一輩子也存不了錢。

■窮人心理學■

③批評有錢人，以紓發心中積憤。

④替沒錢的人說好話，以自我安慰。

5 越想賺大錢的人，越愛亂花錢

曾經有一部非常受歡迎的日本連續劇，名爲「水戶黃門」內容敍述天下副將軍水戶黃門，與侍從助、格二名人員四處旅遊，爲的是剷除惡勢力，爲地方除暴安良。這部連續劇在當時收視率頗高，我雖不常看，但對劇中情節卻瞭若指掌。我有一點懷疑之處，就是劇中所謂的壞人，大部份都是握有權勢的奸官，再不就是地方上數一數二的富商，從沒有出現升斗小民擔任惡霸的角色。似乎金錢永遠是罪惡的泉源，這種情節本是陳腔爛調，但世人永遠百看不厭，無論古今中外都是如此。

但是反觀現實社會中，是否擁有百萬家產的人，一定都是包藏禍心，心懷不軌的大惡人，而家徒四壁的貧窮人家一定都是善良百姓呢？當然不能一概而論，不可能任何人一旦成爲巨富，就立刻變爲無惡不作的壞人。

有名的伊索寓言中，曾有一篇「酸葡萄」的故事—葡萄架上果實累累，看起來似乎很甜的樣子，狐狸在架下不僅垂涎三尺，還屢次躍起想擷取可口的葡萄，然而在多次失敗後，便打消吃葡萄的念頭，只忿忿說了一句：「哼！這葡萄八成是酸的。」

這種「酸葡萄」心理，正和窮人視富者爲惡霸的心理是一樣的。凡是發財慾望越強的窮人，必不甘於過平凡生活，而對有錢的人便視爲「酸葡萄」一般嗤之以鼻。有錢的人若高價購買藝術品，就會落個附庸風雅的罪名，就算他慷慨解囊，贊助福利活動，也常被批評爲沽名釣譽。相信這也是一般世俗之人的幼稚想法，這些人之所以貶低有錢的人，完全是對於自己的窮困感到不滿所致。

這種「酸葡萄」心理的背後，還有一種大同小異的「甜檸檬」心理。本應是酸的檸檬，一旦到了自己手中，便認爲是香甜可口的檸檬，而感到莫大的滿足。人們對有錢人很少讚譽有加，但對貧窮的人卻稱讚他們有高潔的人格，正是這種「甜檸檬」心理所使然。一旦想賺大錢，就更會亂花錢，正如同那些對有錢人不屑一顧的人，心中其實更想成爲有錢人。

＊不妨請教有錢人對金錢的看法，便知道他們對自己財富滿足的程度。

6 人一旦被戴高帽子後，就易任人擺佈

美國電子公司倘若要決定新產品的式樣時，必定精選七十五名設計工程師，共同商討才下結論。有關設計圖案事項，雖有寄出調查表徵詢大家的意見，但爲了感謝設計工程師的合作與決斷，公司免費贈閱二本一年期的雜誌，並任君挑選雜誌種類。對於高收入的設計師們，僅以區區雜誌做爲大家合作的謝禮，未免太冒險了點，但事實上，名單揭曉後，被選中的設計師無不竭盡心力爲公司做事，而且大都欣然採用公司產品，爲公司做免費宣傳。

爲什麼他們會如此盡心盡力爲公司效命呢？其一，是因爲他們可透過工作獲得莫大的成就感，覺得公司從人才濟濟中選出自己，就証明自己被公司重用，而擁有極大的優越感，再者，新產品的設計既是出自自己手中，更有足以向親友誇耀的理由。像這樣只要稍微被重視，即使報酬與工作不成比例，也會毫無怨尤地接受，正是一般人的心理。

在我們身邊類似例子極多，例如有許多人大學畢業後，放棄外界高薪的工作，願意待在研究室中，做著重覆單調的實驗，每月只領微薄的研究費。因爲他們一心認爲只要在學術領域中有所成就，屆時就可揚名世界，這是金錢所買不到的榮耀。另外還有部分食品公司雇用家庭主婦爲產品試吃員，被挑上的主婦無不認爲是莫大的榮耀，寧願自己出錢，坐車參加試吃大會也毫無怨言。

簡單的說，榮譽這種東西並不能以金錢的價值來評斷，若眞要以金錢衡量的話，可能從零至無限大都有人贊同。

✳想要別人出資的話，不妨先給他戴頂高帽子。

7

薪水差別可謂失之毫釐，差之千里

曾經有一家人造奶油公司，以訪問街頭的家庭主婦，請教她們對人造奶油的看法如何爲題材，製作了一部電視商業廣告。這部廣告內的主角並不是漂亮的女演員或有名的名人，而是平凡的家庭主婦，目的在於使家庭主婦有種親切感，然而這部廣告卻遭到一部份主婦的反感。

也許這些起反感的家庭主婦，都是很想上電視，卻苦無機會的人吧！對她們來說，上電視簡直如同神話一般，可說是夢寐以求的願望。可是當她們看到電視上出現的婦女，也和自己一樣是平凡的主婦時，自然會嫉妒地認爲「像這種人也能上電視？」而感到心中不悅。倘若電視上出現的是職業女演員的話，可能她們就不會有微辭了。

像上述這類人，覺得和自己程度差不多的人，卻比自己幸運時，自然而然就會產生嫉妒心，不能心平氣和地接受這項事實。相反地，和自己程度差不多的人，倘若比自己不幸時，雖然口頭上會說「好可憐喔！」可是內心還是充滿了優越感。但若她們碰到的是自始就打從心裡佩服的人，或是能力比自己卓越甚多的人，則對方無論多麼飛黃騰達，也只是稱羨不已，不會有所微辭。

如此心理層次的差距，可說是相當極端的，同樣地，薪水方面也有這種情形。與自己同期進入公司，做相同工作，能力也差不多的同事，在調薪時，卻比自己多了五百元，立刻會覺得忿忿不平。可是，如果以經理和課長來比喻，二者薪水之差必定遠甚於五百元，然而在課長心中卻不會有任何不平，這又是什麼心理呢？這是因爲一般人都覺得和自己程度差不多的人，如果勝過自己，卽使是微不足道，也會視爲天淵之別。

所以雖僅五百元之差，一方會覺得極大優越感，而另一方則覺得極大挫折感，在日本一般企業中，普遍有這種想法。至於社會主義國家中，並無薪水的差別，員工雖無薪水多寡的顧慮，可是工作意欲卻也消失殆盡。

＊卽使是工讀或臨時僱員，只要薪水有些微差別，仍會引起軒然大波。

①地位比自己高出甚多的人，並不在意薪水的差別。

②如果是同事的話，連一百元也會斤斤計較。

■薪水心理學■

③無論如何調薪，也覺得不滿足。

④只要受人重用，即使低薪也心甘情願。

8 雖是應得報酬，卻不好意思親口提出

有一次，某企業研修負責人對我訴苦，抱怨前一陣子，他邀請外面的專家前來演講，但不知演講酬勞該訂多少，於是他請問那些專家希望酬勞多少，可是他們都回答說：「隨便多少都沒關係，您自己斟酌吧！」後來這位負責人就自己訂了價碼。然而演講結束後，卻聽見專家們在外批評說：「那家公司請我去演講，才給那麼一點點錢，眞是不懂行情。」這位負責人深感啞巴吃黃蓮，有苦難言。

既然專家們事前已被詢問過希望待遇，事後實在不該責怪對方支付的酬勞太少。然而，實際上我本身也有這種情形，每次我應邀外出演講，當對方問我「您演講費用是多少？」時，我也是開不了口。

爲什麼難以啓齒呢？那是因爲每個人都怕在無意中傷害了自己。倘若自己說出的價錢，比對方預想的還低，那就傷了自己的自尊心，等於自取其辱一樣。爲了怕有這種情形發生，卽使是正當合理的報酬，也不好意思從自己口中說出，尤其在東

方社會中，談報酬似乎是一件頗爲尷尬的事，於是更助長了此種心理的產生。

爲了要避免這種尷尬的情形，很多作家或評論家便僱請秘書小姐替他們處理業務。秘書站在第三者的立場，替老板交涉財務之事，較不會對老板造成任何傷害。她可以很自然地說出：「演講費用需要××元。」甚至在催討借款時，也能夠很輕鬆地表示：「由於老板在鄉下的雙親要改建房屋，急需這筆錢，能不能儘早歸還？」由第三者口中說出這些敏感字句，比自己親口提出要求，感覺上要舒服多了。

最近，有許多企業公司，採取美式給薪方法，要員工自行塡報希望待遇，但這種方法是否可行，本人深感懷疑。當自己塡寫「本人認爲依自己的能力與業績，應獲××報酬爲宜」時，恐怕對東方人來說，是件很難下筆的差事，畢竟東西觀念不同，在日本，除了棒球界有此行規之外，其他人恐怕很難接受這種制度。

＊如果覺得自己不好意思說出口，不妨請第三者代為轉告。

9 與對方交情深厚，接受合理報酬亦覺過意不去

我因工作關係，經常應邀至各地演講，對於演講酬勞，始終覺得不知如何應付。有一次，我到某高中演講，演講結束後，有位身穿制服的學生遞給我一個信封，並說：「謝謝您，這是演講酬勞。」我想如果當時是老師或辦事員交給我的話，雖有推辭的念頭，或許仍會接受，但是由學生手中拿錢，感受就大不相同了。

這種情形換成大學生也是一樣。我去大學演講，學生手持謝禮交給我時，我很輕鬆地就可拒絕他，並說：「我們一起去喝一杯吧！」身爲一個社會人士，從學生手中接受酬勞，似乎是很奇怪的事，更何況我還是位老師，難免覺得不好意思。

對搬家業者而言，他們替人搬家或搬運東西，收受酬勞本是理所當然之事，並不會覺得尷尬，只是在碰到親朋好友相託時，也會出現爲難的情形。任憑對方幾次把錢塞在手中，仍然是不好意思說出：「謝謝！」然後大方地收下報酬。

這種心理絕不是當事人表面上的客套。事實上每個人若碰到親朋好友，即使是

再正當的酬勞，也不太好意思收下。也就是說，朋友或師生間，對於金錢一事比較敏感，並不認爲只是單純 give and take（施與受）的關係，自然會有拒絕接受報酬的心理。

同樣地，妻子爲丈夫做事，大概不會有任何丈夫支付妻子酬勞，也沒有任何妻子企盼獲得報酬的吧！而丈夫把薪水交給妻子，是爲了維持家庭開銷，並不是給妻子做家事的酬勞。不過，小孩做家事，父母給零用錢做爲報酬，這又另當別論。

如果在任何人際關係中，想大大方方接受應得的報酬時，不妨透過熟識的第三者轉達，再從第三者手中接過金錢，或由對方直接滙入銀行亦可。務必要擺脫人情的束縛，採取公事公辦的態度。

※對於交情深的親友，接受禮物比接受金錢較為容易。

①聽到別人提到自己的報酬，總是不知如何應付。

②自己對自己說不是為了謝禮才幫忙的。

■謝禮心理學■

③以現金做爲謝禮較易被人接受。

④若比自己預想中低的話就勃然大怒。

10 對金錢愈計較的人，愈想掩飾而欲蓋彌彰

前幾天我和幾個朋友到一家餐館聚會。鄰桌坐著三名中年男子，看起來不是朋友就是同事，而且由當中一名男子請客。這名男子不停地叫服務生再加菜，這家餐館雖非豪華氣派的大飯店，但也算是頗高級的餐廳。而他們桌上已堆滿大大小小的碗碟，幾乎無法再容納其它餐點了，那名男子仍不停地點菜，我的朋友說了一句：「那個人眞凱。」我頗有同感。

飯局結束後，我在櫃台算帳時又碰到那名男子，結果發現事實與我的想法有很大的出入。只見他在拿找回的錢時，不小心一個十元硬幣掉到地上，他急急忙忙地追趕著，然後對朋友露出很尷尬的笑容說：「一塊錢也是錢。」他這種行為與剛才慷慨付帳的情形完全不能相連，令人頗為疑惑。然而身為心理學家的我，卻很清楚地洞察出此人的本性，因為他在追趕十元時，已充分表現出他是相當計較金錢的人。

對於社會很難認可的慾求或情愫，一般人都會刻意壓抑，表現出社會認可的行爲，甚至故意誇大，此種現象稱爲「反動形成」，是一種自我防衛的本能。像有些老處女其實對性的需求非常強烈，但在接觸這類話題時，卻表現出一副清高的態度。還有些後母對丈夫前妻所生的孩子，內心其實憎恨無比，但在表面上卻愛護有加。這些都是反動形成的心理。如果老處女坦白表現出對性慾的需求，或後母爲所欲爲的虐待孩子，都易引起社會議論，所以必須壓抑這些情緒，表現出社會所認可的行爲。

然而，越是慾望強烈的人，就越想掩飾這種心理，所表現出的行爲，就有些不自然，甚至與自己本身的形象不相符合。像前述擺濶的那名男子，實際上是對金錢很計較的人，但爲了避免別人說他小氣，就故意掩飾自己這種心理，而顯示出很大方的樣子，難免有弄巧成拙的窘況。事實上，社會中的確有不少類似這種行爲的人存在，出外儼然濶少，在家卻凡事斤斤計較，甚至連太太也不多給一分錢的大有人在。

※越是瞧不起小氣的人，自己往往比他更小氣。

11 想存一百萬時，若先以十萬爲目標，則能提高儲蓄慾

某雜誌曾經介紹過「意外致富」的幾位代表，這些人中有的竟然是清道夫，或單身宿舍內打雜的小市民。他們在社會上可算是低收入的市民，但卻能有百萬以上的財產，實在是不可思議的事情，不過這些人都有一共通的觀念，他們並不是從一開始就想成爲百萬富翁，而是先以十萬爲目標，等目標達到了，再朝百萬努力，最後終能成功，達到自己的理想。當中有一個人還加強語氣說：「如果從一開始就抱著存一百萬的心理，恐怕很難成功。」這點站在心理學而言，的確是很有道理。

心理學中，對於爲達成目標，而引發的動機之一，便是設定「附屬目標」（subgoal），如果在達成目標的過程中，發現目標距離自己是如此遙遠，心理就會產生掙扎，而逐漸失去達成的慾望，於是便在中途訂下第二目標，想著：「先做到這步就夠了。」「下次再達到這步。」也就是所謂的附屬目標，如此便可減輕內心的負擔，也可顧及達成目標的慾望。

以我個人而言，我受邀寫本書之時，心想二百字一張的稿紙，少則要寫四、五百張，多則要寫近千張，如此龐大的數量，自己能寫得到嗎？內心越想越惶恐，深怕不能完成重任。這種現象持續了很久，每次提筆時就感到不安，一直到截稿日期將近時，才悟出了一道良策。我想到如果一天寫十張稿紙的話，心理上的負擔就輕多了，於是我規定自己每天都寫十張稿紙，如此日積月累，二、三個月就能完成一本書了，這也是我前面提到的「附屬目標」效果的另一種應用。

在儲蓄方面，也是同樣的道理。一開始就把目標訂為龐大的一百萬，或許短期內可激勵自己更努力存錢，可是後來就會覺得，無論多麼緊衣縮食，頂多只能剩餘幾千塊，而如此微薄的數字與百萬目標的差距實在太大了，久而久之，便會失去存款的慾望。甚至覺得存一百萬對自己而言是永遠不可能辦到的事，因而放棄存款的念頭，這種人相信不在少數吧！

＊欲存一百萬，不妨先把目標訂在十萬元。

12

守財奴不知使用金錢的樂趣

企業大家邱永漢先生在其自述中曾經提過，假設新進員工的薪水從一萬元調整到一萬五千元，是否他們會把多餘的錢存起來呢？恐怕不容易。因為一個人存錢與否，與其收入多寡並無多大關係，而在於他是否有存錢的慾望。我個人認為其性格也佔很大因素，也就是他本身的個性能否適應存錢的慾望，這一點很重要。

談到會存錢的類型，可分為粘著質（癲癎質）與神經質二種。所謂粘著質就是對一件事非常熱衷而固執，個性比較保守，道德標準較高。此種粘著質的人，也常被批評為小氣、守財奴之類的人。對金錢非常在乎，倘若有人問他：「你荷包內有多少錢？」恐怕他回答的數字單位是以角計算。這類人很有耐性，即使每月只存一點點錢，他也會持續不斷地慢慢儲蓄，日積月累下來，也有一筆可觀的數目。而且生性節儉，所存的錢幾乎原封不動地保留著。報章雜誌上偶而可以看見一些身世淒涼的單身老人，死後竟有鉅額遺產，多半屬於此類型的人。

另外神經質的人則是對未來抱持悲觀的態度，他們常常杞人憂天，想著「萬一……怎麼辦？」因此在這種心理趨使下，就會想多存點錢，以防萬一。

相反的，存不了錢的類型，分爲歇斯底里型及躁鬱型二種。歇斯底里型的人虛榮心強，常自恃頗高，又好賭博，是奢侈浮華型的人。一旦慾望不能達到滿足時，甚至不計後果，只一味浪擲金錢來滿足私慾。卽使有再多的金錢，也不會想到存起來。只有在急需鉅款時，才會設法運用金錢生利，但轉手後仍是一毛不剩。與其相對的躁鬱型，則是屬於海派型的人物，常常大宴賓客以示朋友之間的交情，他們也是屬於不計後果的人，所以同樣無法存錢。

當然，上述的例子並不能適用於每一個人，只是大家在思索自己的儲蓄方法時，不妨作爲參考。

※欲躁鬱質的人付帳時，他們常裝模作樣的向別人借錢。

13

拿出鉅款前，最好先問他人意見再做決定

不知是我小氣還是太謹愼了，每次我要買昂貴的物品時，總是考慮再三，無法當機立斷，有時也因此錯失良機。其實我以前並不是這樣，那時常常毫不思索的就買下數十萬元的東西，而且也不覺得後悔。

我之所以有如此大的轉變，是導於多年前的一個教訓。那時有位著名的大企業家，慫恿我購買一座頗被看好的高爾夫球場的股權。這座高爾夫球場尚未建好，但我以爲有大企業做後盾應當沒問題。平常這種事我一定先勘查建築預定地，並打聽公司組織是否健全，可是這次我卻只瀏覽了一下說明書就買下股權。後來，這座高爾夫球場並未如同我所預想的順利開工，而支持我的大企業也拖拖拉拉，經過了好幾年，也不見有重建球場的意思，會員合約形同一張廢紙，再也沒有任何保障了。

或許是我太容易受人左右，才會聽信那位大企業家的慫恿，不過話說回來，一般人在拿出鉅款投資時，往往受人的影響比自己的判斷來得更大，尤其對於自己信

賴者的建議，常是言聽計從。

爲什麼會這樣呢？因爲一般人在拿出一大筆錢之前，總是會擔心「這樣會不會失敗？」「會不會被騙呢？」內心感到極度不安。爲了消除這種不安，最好的辦法就是詢問他人的意見。而且是詢問社會名人或自己信賴的人。這也是爲什麼電視廣告常請一些名流促銷產品，就是因爲他們較具說服力。

廣告最常利用人性弱點來做宣傳。例如從前有位女士在日本買了一部二流相機。有一次她去歐洲遊覽，看見到處都是那部相機的廣告，回國後，就很驕傲地告訴朋友說：「我這部相機在日本雖然沒什麼名氣，可是在歐洲卻是一流的。」此時，原本購買二流相機的自卑感，頓時藉廣告的作用而化爲烏有，如果她早先看到廣告的話，可能更會理直氣壯地購買那部二流相機了。

※欲推銷高價物品時，不妨告訴對方說：「某某名流也買了。」必定無往不利。

14

花費鉅款前易接受他人忠告，事後則易引起不悅

一般人在購買像車子或毛皮大衣等貴重物品前，一定會愼重考慮，並詢問他人的意見或想法。譬如買車時，總會問別人：「是買雷諾好還是福特的？」買毛皮大衣時也一樣，一定問問同行的人說：「你看合身嗎？」如果對方說：「妳不覺得這樣太奢侈了嗎？」也許馬上會認同地回答說：「我也這樣覺得，那就不買算了。」

在決定拿出一大筆錢買東西前，任何人都會感到強烈的不安。就如前章所述，這種不安正是擔心花了錢會不會後悔，或值不值得花這筆錢，而且這種不安的情緒，往往與金錢的多寡成正比。

據說某大公司的經理在開創任何事業前，都先前往鄉下要求一有名的相命家占卜一番。事實上，不只這位經理，其他還有很多名流、影星在決定某事之前也都會找算命的人卜卦看相。但是他們絕不是要求占卜師替他們決定事項，相反的，他們心中早已有一腹案，只是考慮到公司主管的決定，往往左右著公司的命運，而一時

難以取捨。爲了確認自己的抉擇是否正確，於是就請示一些命相家爲他們指點迷津。

在做重要決定之前，主管會感到猶豫不決，也會聽取別人的建議。但是一旦已經做好決定，其態度便呈一百八十度的大轉變。就像自己已經花錢買下貴重物品後，別人再對你說：「你這樣不是太奢侈了嗎？」你就會惱羞成怒，甚至破口大罵。

一般人在決定拿出一大筆金錢之前，都會經過一番掙扎，與自我有密不可分的關係。換句話說，所購買的東西已成了自我的一部份，一旦別人批評物品，就如同批評自我一樣。而且，也許此人在購買高價物品前，內心深處同樣也有自覺：「買了這個，會不會太愚蠢了？」因而覺得異常不安，一度也有打消的念頭。可是一旦決定買了，別人再有所微詞，就像是在指責自己的無能一樣，武裝的自尊心立刻有被人一舉揭下的感覺，這種不悅極易轉變成對對方的反感。

※對於對方所擁有的昂貴物品，最好不要有任何批評。

15

對奢侈不安時，常以轉嫁心理使自己心安

我在連續劇中曾看過以下這段劇情。有位少婦前往百貨公司添購一件洋裝，她的預算本來是二千元，後來竟花費五千元買了一套洋裝。買完之後就覺得有些後悔，於是她便到地下超級市場買了一塊上好的牛排肉。當天晚餐時，丈夫看到佳肴上桌，不禁驚喜的說：「這道菜一定很貴吧！」少婦趁機掩飾自己愧疚的心理說：「偶而奢侈一下又何妨？」而後莞爾一笑。

由此，可見女性心理之一般。當然不只主婦，任何人對自己稍微奢侈的行爲，都會有愧疚的心理。只有解除這層愧疚才能獲得心理的平衡，其中最好的方法，就是像這位主婦一樣，把自己的浪費轉嫁到他人身上。

最直接能感覺到這位主婦浪費的人就是她先生，所以丈夫成爲轉嫁的對象。可是，如果沒有特定的對象時，爲什麼浪費之後，仍會感到強烈不安呢？我有一位好友的父親，三十年前中了十萬元的大獎，當時的十萬元可建造一棟大樓，全家人住

還綽綽有餘。對於小康之家的他們而言，自是喜不自勝，然而好友的父親卻說：「自己買房子實在太奢侈了。」於是把十萬元悉數分贈親朋好友。

東方人到國外旅行時，經常把時間與金錢花在大量採購土產上，回國後也分贈各親友，與其說他們是為了炫耀出國觀光，不如說他們是為了掩飾出國觀光的奢侈，而採取的轉嫁政策！

另外，我有一名富有的企業家朋友，他經常對我說：「今天的台灣實在太繁榮了，包括我在內，大多數的台灣人都太奢侈了。」他如果在街頭看到一些籌募基金的活動，一定會詢問活動目的，而且慷慨解囊，或許正是因為平常他揮霍無度，藉以彌補這種罪惡感吧！

當然，我並非刻意要否定人本來的善心。但若說得惡劣點，對自己的奢侈感到愧疚的人，看到這種捐款，不正可以利用轉嫁心理，解除內心的不安嗎？捐出鉅款也好，掏空錢包也好，都能消除罪惡感，減輕內心的自責，不正是一舉兩得嗎？

※無論是出差或國外觀光，倘若沒有帶土產回來分贈親友，就容易遭人批評。

①因爲有錢，所以並不排斥便宜的東西。

②即使有餘力也不會冒險做大的投資。

■有錢人心理學■

③當存款到達一定數額時，就不會再動它。

④拼命儲蓄。

16

浪費後與其再三反省，不如改變自己的觀念

日本電信有次擧行了「電話費有關意識調查」，由此調查可以看出，女性使用電話的時間遠比男性爲長，這的確是件耐人尋味的現象。尤其一些初爲主婦的女性，比例尤其高。家庭主婦平日在菜場斤斤計較，終日爲家庭開銷精打細算，爲什麼還有閒暇及金錢打這麼長的電話呢？也許是剎不住車吧！

根據此項調查顯示，喜歡長談的主婦們也都想到電話費的問題，如果說太多的廢話，無形中就形成一種浪費。可是事實上這種小錢，與丈夫應酬用的酒錢或煙錢比較起來，實在是小巫見大巫。旣然丈夫以酒解愁，我爲什麼不能和朋友聊聊天，紓發內心的不悅呢？如此說來，這種浪費已不足成立了。

由此可知，她們原本認爲這是一種浪費，經過反省之後，馬上推翻了原有的想法。

人類卽使明白自己的行爲是不對的，但在尙未反省或後悔之前，往往會爲自己

辯護，替自己自圓其說，甚至攻詰他人。因爲要背負認錯的包袱，在精神上的確是一大苦痛。因此潛意識中，往往尋找似乎是正當藉口的理由，使自己後悔的念頭或不安的情緒有所紓解。這也是爲什麼那些家庭主婦會以先生的花費爲攻擊對象，原因正是在掩飾自己電話打太久的錯誤。

另一方面，先生又有何說詞呢？如同妻子所述，不論是公司應酬，或慰勞員工，一定要酒過三巡後才肯回家。事實上，一定有很多男性實際上根本不好杯中之物，只是迫於工作，不得不逢場應酬一番。雖然酒罷歸後，心中多少覺得浪費而有些悔意，但爲何不見任何改善。因爲在他們心中已經認定，工作上的應酬是不可避免的花費，也就是把自己的浪費視爲一種正當用途。如果回家之後，妻子有所微詞的話，立刻就表示強硬的態度。也因此，他們從不自我反省，總認爲自己的行徑是對的，所以世間女子永遠做不到長話短說的習慣，而世間男子也永遠有應付不完的飯局。

＊欲杜絕浪費，與其責怪對方，不如提供良策。

17

雖說是可自由支配的金錢，卻仍錙銖必較

有些私人公司爲了新產品的設計開發，常常派遣要員到國外觀摩或採購，而且出差費頗爲可觀。這種機會對終日不得歇息的公務員來說，難免覺得既羨慕又嫉妒。

然而實際情形又是如何呢？相信私人公司的職員本身也會感受到相當的壓力才對。當初自己對公司並不很滿意，但是進去後，還是乖乖地每天上班，不敢遲到早退。談到出差費，雖說是可自由支配的金錢，仍然必須小心謹愼。

雖然是一筆完全屬於自己的金錢，但也正因爲沒有限制，內心更加不安，無形中自己反而約束自己的行動。相反地，如果旁人說：「不可以這樣，不可以那樣。」「必須這樣，必須那樣」的話，反而引起內心反感，更想打破這層限制。

譬如有位母親經常和我討論教育問題，她說：「自己的孩子，不管怎麼教他要用功，他總是當耳邊風，聽都不聽。」我告訴她說：「妳不妨改變方法，一切順其

自然，看他會怎麼做。」通常孩子的心理，你越逼他讀書，他反抗的心理就越強烈。相反的，你不管他的話，他可能覺得於心不安，而自動用功讀書了。這種心理也可以換在使用金錢方面。人們所擁有的金錢，常常受到很多限制而不能盡情使用，於是就會夢想：「如果能自由使用金錢那該多好？」可是一旦眞的有一筆錢供其任意花費時，人們往往無法爲所欲爲了。

這種心理的另一種應證，最常見的就是丈夫要杜絕妻子浪費的情形。剛結婚時，丈夫只交給太太必需的生活費，然而在孩子出生後，太太卻一反常態，經常錦衣華服，後來連家用也出現了赤子。於是丈夫心生一計，乾脆把薪水袋原封不動交給太太，讓太太掌管家中經濟，剛開始，太太可能欣喜若狂，到後來卻會自覺責任重大，不敢再任意花錢了。而且還每月精打細算，省吃儉用，甚至存下一筆可觀的積蓄。

※對於生性浪費的人，最好的辦法就是讓他手操經濟大權，往往有意想不到的效果。

18

受人讚美用錢得當時，彷彿被肯定人格般

日本有名的明星岸部先生，是衆所皆知的千萬富豪，他以一枝草一點露的精神，辛辛苦苦將自己賺的錢存起來，而且還出了好幾本有關儲蓄方法的書籍。他本人雖然身處奢靡浮華的演藝界，但卻簞食瓢飲，不染一絲惡習，縱然被人批評為沽名釣譽，也絲毫不爲所動，仍然貫徹他儉樸的原則。這種人實在已超出一般常人的標準，誰有資格批評他是個小氣鬼！

一般人總是畏於別人批評自己是「小氣鬼」「守財奴」而常常花費許多不必要的金錢。也許能否存錢的關鍵，卽在於一個人是否耐得住「小氣」的批評。話雖如此，對大多數人而言，都很難忍得下「小氣」這種難聽的形容詞，卻又惱恨自己不能存錢。

由此可知，人們是很在乎別人批評自己的金錢觀。如果別人稱讚自己說：「你金錢運用得很恰當。」「你眞會支配金錢。」相信任何人都會樂在心頭，覺得有無

比的成就感。

然而，為什麼人們如此在乎別人的評價呢？這是因為大多數人都認為可以由用錢之道或生財之道去判斷一個人的品格及責任感如何。換句話說，自己的理財方法是無法得自遺傳或經由他人指導，因而別人的批評正是對自己人格最完整的反應。

而且，金錢與自身的慾望有密不可分的關係。當別人對自己的理財之道有所微詞時，亦正是對自己的慾望有所批評。而身處於社會中的人們，總是竭盡心力地想掩藏自己內心的慾望，一旦深藏其內的慾望毫不留情地被揭發時，就等於被揭發自己的假面具，屆時必定深深地傷害到自我。

因此，當別人稱讚自己的理財之道時，人們一定覺得彷彿自己的人格受到肯定一般。相信大家受人奉承時，一定有種飄飄然的感覺。雖然明知那是客套話，但仍願相信它是事實而沾沾自喜。這種心理的弱點在金錢方面更是明顯。如果有機會你對一位小氣財神說：「你出手真大方。」相信他一定會惱羞成怒。

※適時稱讚他人善於理財，必會獲得他人好感。

19

優越性被肯定而滿足的人，常不拘泥於金錢的損失

很多人在慈善樂捐時，常苦於不知該捐多少。究竟該捐多少呢？別人都捐多少呢？這些都與「金錢心理學」有很深的關係，也是一個耐人尋味的問題。

像這種情形，很少人會直接說出「好，我出多少？」大部份的人都先探聽「別家是出多少呢？」當打聽別人出多少時，就包含了二種心理狀態。

第一，認爲和別人捐相同款額是最保險的。知道別人捐多少，就能夠以此爲「標準額」，如此就不會顯得過多或過少，也不會被人批評「眞愛擺濶」或「眞是小氣」。因此樂捐時，大多數的人都不願首當其衝，第一個響應，因爲自己捐的數目無前例可尋，又可能成爲後來人的「標準額」，心理上的壓力是很沈重的。

第二，人都有不服輸的個性，所以就想知道別家捐多少，自己會想「既然那家捐這些，那就要比他更多一點。」站在募捐者的立場而言，是最喜歡這類人，因爲收據或是募捐名單都會依金額高低而按序排列，此時就可以利用人的競爭心理，鼓

動此類人多出一點，這也是一種巧妙的心理作戰。

所以，捐款的金額實際上與此人的收入多寡並無關係。有些人卽使有億萬家產，但樂捐只是爲了應付場面，所以捐的數額與其他人差不多。相反的，很多家徒四壁的窮小子，卻高居樂捐人士的榜首。這些人的心理都是認爲自己若是比別人多捐一點，就顯得高人一等。

這種心理並非在特定場合才會產生，幾乎任何情形都可能會有這種心理發生。譬如在買東西時，你本來想殺殺價，但店員卻對你說：「您能看中這件，實在太有眼光了。」這時你就會把想殺價的話呑回去，因爲你惟恐對方貶低你的優越性。

＊募捐時，不妨公佈一些捐款高者的名單，將會使募捐工作進行得更順利。

20

用錢方法常與自己所尊敬的人相似

日本的吉本晴彥先生，有一套自己的節儉哲學。譬如宴會中剩下的殘羹剩菜，他都會仔細包好帶回家去，此事幾乎無人不曉。但是吉本先生絕不是吝嗇的守財奴型，像他在大阪車站前蓋了一棟豪華大廈，就知道他十分善用金錢。

某雜誌曾經親赴吉本家中訪問，據說吉本先生的兒子比他更節省。每次吉本先生忘了隨手關灯時，就會遭到兒子不滿。我想他們父子之間的感情一定很親密，而且兒子也一定很尊敬父親才對。

一個人對於自己所尊敬者的行爲及思想模式，往往會在不知不覺中產生模仿的心理傾向，這在心理學中稱爲「同一視」，透過這種心理，也可促進人的自我成長。

例如，孩子在小的時候，總會模仿父母的行動或言語，進而成爲自己的一個規範，日後在社會中，並以此爲行事準則及生活態度。而後，當脫離了父母庇蔭下的思春期之後，便開始對老師、學長、運動明星或小說主角等自己欣賞的人產生一種欽佩的情愫。不自主地，自我的行動與思考型態便與這些人相似，當然自己所尊敬的人當中，也包含自己的父母，像吉本家就是一個典型的例子。

我有一位高中同學，生性倔強而嚴肅，非常喜歡古典音樂，其它音樂則一概否決，所讀的書也多半是哲學一類枯燥的書籍。然而他進入大學之後，卻完全改變了一個人。他開始對爵士樂產生興趣，也對麻將、賭博偶有所染，以前認識他的人都非常驚訝，因爲以前的他對玩樂或花錢之事根本碰都不碰的。

原來他在大學的一個音樂社團中，認識了一位音樂常識淵博的學長，而且對他崇拜有加。也因爲那位學長而改變了自己的金錢觀與音樂愛好，可見這種心理的影響是不容忽視的。

＊欲求儲蓄之道，不妨以自己尊敬的人為準。

21

父母不吝付出龐大的教育費，乃是望子成龍的心理

天下沒有一對父母親不為子女的教育費感到頭痛的。自小的補習費用不說，長大後若讀私立高中、大學的話，更是一筆可觀的學費，孩子越大，教育費就越高，家庭生計也越感到窘迫。然而很多父母為了子女，不惜犧牲自己，寧可做牛馬也要讓孩子唸好學校，而且多半不把教育費用列入預算範圍之內，為什麼唯獨教育費用不列入預算之內呢？

日本某報社會舉辦一份頗令人深省的調查。詢問許多家長對補習班、家教，或學校以外教育的效果看法如何。調查顯示，凡是子女尚是小學生的家長一致認為，這種教育在日後一定有所幫助。然而子女為中學生的父母有這種想法的人就顯著的減少。他們認為雖不能確定補習教育日後效果如何，但去補習總是比較安心些。至於子女為高中的父母，其態度就更強烈了，他們均不敢斷言補習是眞的有用，也不敢期待效果如何，但仍然去補習的原因是迫於無奈，反正大家都去補習。

這種情形說明了一件事，孩子的年齡越大，實力也越明顯，換句話說，父母對孩子的憧憬也越來越薄弱，卽使父母明白子女成龍成鳳的機會渺茫，但依舊忍住欲哭無淚的心情，默默爲子女付出龐大的教育費，而且並不把教育費列入預算之內。

父母雖然不敢期待其效果如何，卻仍心甘情願花費大筆教育費的原因，都是導於希望孩子比別人強的心理。鄰家孩子從小就開始補習，自己的孩子大一點時，一定也要去補習，絕不能落人之後。所以孩子在參加大學聯考前，任何父母都競相邀請家庭老師給孩子補習，卽使孩子沒考上大學，最少也要唸個專校。父母認爲如果不對孩子盡心盡力的話，就無法成大器，也會差人一等，所以不顧一切地投資，很多子女是中學生以上的父母，家庭內的教育費甚至比先生的應酬費還要高。

其實話又說回來，父母對子女的這種心理，從另一角度而言，也可說是自我表現的心理。譬如女兒結婚時，母親總希望女兒打扮得花枝招展，彷彿看到當年的自己一樣，父母總是藉子女來塡補自己以前的缺陷，這種心理幾乎任何人都是相同的。

※卽使是遊戲用的電腦，只要對教育有幫助，父母仍會不惜鉅資購買。

22 與自己無關的金錢，任憑多麼浪費也置若罔聞

日本國鐵重建經營的問題爭論已久，到現在還找不出消除赤字的良策。相互比較之下，私鐵的經營狀態雖稱不上很好，但比起國鐵來卻正常太多了。這種差距與內部問題，合理化等種種因素有關，但我認爲還有一不可忽略的原因，就是與工作人員的意識有關。

在私鐵方面，只要公司利益提昇，員工同樣也會獲得好處。換句話說，員工與公司結爲一體，公司的損失也就是員工本身的損失，爲了增加公司的利益，員工們自然會更努力工作，主動節約用電用水。相反的，在國鐵服務的員工，無論多麼努力，公司利益如何提昇，也與本身利益無直接關係。換句話說，國鐵虧損再多，自己並無損失。在這種工作意識下，自然而然會出現赤字。

人對於與自己無關的金錢，無論怎麼浪費都是一副漠不關心的態度。像國鐵的情形，縱使赤字提高，員工仍是抱著「事不關己」的心理，所以即使經費縮減的抱

怨叫得再響，也是於事無補。

某國立大學所佔之地屬於上好地段。當日本重建之聲高漲時，其地價更是節節昇高，一時受到萬方矚目。在很多人都蠢蠢欲動時，卻傳來土地已賣掉的消息。大家正在猜測地價多少之時，負責人卻若無其事的公佈以非常便宜的價格賣出。一塊高昂的土地，卻以賤價出售，其間的差額該是多龐大！然而這種損失卻與負責人本身無直接的關係，所以他當然無視於售價多少。

人只有對於自己的金錢，或自己有支配權的金錢，才會善自運用，並努力增值。相反的，對與自己無關的金錢，常是一副冷淡、漠不關心的態度。就如同國鐵赤字不斷提高，有關人員依舊我行我素，不積極講求解決之道，就是因爲赤字與自己無關之故。

※欲勸人節約，不妨告知節約對其本身的好處。

第二章 借貸心理學

——為何借貸會造成人際關係惡劣——

23

借錢予人，卻引起對方反感

這是我的一位好友，在大學時代借錢給親友所發生的事。他有一個朋友，姑且稱作A先生。A先生想開一家咖啡店，但資金不足，還缺少十萬元左右。我的朋友站在好友的立場，毫不遲疑地慷慨解囊，願意無條件借款十萬元，無息、無限。自他借錢給A先生後，二人關係就起了變化。以往莫逆之交的A先生，在借錢之後，卻突然冷淡起來，而且還常常發牢騷。我的朋友對我抱怨說：「非但沒有感謝，還對我有敵意，我到底招誰惹誰了？」

莎翁有句名言說：「當你借錢給朋友時，同時也失去了金錢與朋友。」借錢的一方對被借的一方產生敵意，這心理在心理學上是可理解的。人向別人借錢時，在心理學上，稱此人居於劣位。凡是屬於劣位的人，一定在下意識中欲扭轉這種地位，尤其是彼此爲朋友時，這種欲求更爲強烈。於是只要發現對方有什麼小過失，都會加以誇張，進而貶低對方的人格，如此才能平衡自己的劣勢感。

這種情形並不限於個人對個人。第二次世界大戰後，根據馬歇爾協定，美國對世界各國展開救濟工作，然而並未獲得各國的感謝。最近日本對東亞各國施行救助工作，卻反而受到各國反感。這是因爲受助的各國覺得自己居於劣位，所以不但不感激對方，反而還叫囂救濟的金額少得可憐，根本無濟於事。

在借錢給別人時，千萬不要有貶低他人之心。像生意上往來的金錢借支，因有明定的利息和日期，所以就不致有被施捨的感覺，心理上也不會覺得不平衡。而朋友之間的借貸，礙於交情願無息借貸，反而會使對方不悅，導致友情破裂。

※借錢給人時最好採取貿易之間公事公辦的態度，才不會導致裂痕。

24

借錢給人時若自覺處於優位，往往易引起反感

我有一位女性友人，借了十萬元給有急需的朋友，同時決定不要利息也不限歸還日期。當然這是她一番好意，可是天性善良的她，一直不敢向朋友要債，她怕一說出口，會引起朋友不悅，所以一直沒有把這筆錢要回來。到最後，她覺得不敢再看到這位朋友而一直躲著他，連常去的咖啡店也從此不再上門。

這個例子，不是借方，反而是貸方覺得不好意思，或許大家會覺得不合邏輯，事實上這種例子比比皆是。

金錢借貸中，即使是對等的人際關係，也會產生優位、劣位的關係。向人借錢的一方，總覺得自己是居於劣位，因而產生一股自卑感，對於貸方，即居於優位一方的言語行動非常敏感，即使對方是無心之言，也會覺得深深受到傷害。

這種微妙的關係很容易體會到，所以當借錢給別人時，尤其是自己親近的人，金錢借貸的情形也就越難處理得好。

同樣是借貸的情形，如果換作書本或物品的話，情形尚不至於如此嚴重，唯獨金錢的影響特別大，因爲金錢與自我本質有密不可分之關係。人們向他人借値數萬元的書籍，並不會覺得自尊心受損，但若直接借數萬元的話，感覺就完全不同了。一旦牽扯到複雜的金錢問題時，任何人都很難避免感情的成份，總有或多或少的顧忌。美國動物學者金賽博士的報告中有關性的問題特別受人注意。令人驚訝的是詢問者從來不牽扯到任何私人情愫，完全採直截了當的方式，例如問問題時，總是開門見山的問：「你一個禮拜做愛幾次？」「曾經有過高潮嗎？」倘若詢問的人扭扭捏捏的不好意思，可能回答者更會覺得尷尬，而不敢說出眞話。所以像有關「性」這種敏感的問題，最好採取公事公辦的態度，大家就不會感到靦腆了。

有關金錢的場合，實在也應採用這種態度。

＊在金錢借貸時，最好能摒除私人情感。

①向人借錢時，總覺得自己低人一等。

②一旦自卑感消除後，反而對對方有極大反感。

■借貸心理學■

③借錢給人的一方，並無意使對方產生自卑感。

④最後，借錢給人的一方，反而有居於下位之感。

25

名稱略爲改變，就能淡化借錢的抗拒感

使用信用卡的年輕人大有日漸增多之勢。以前對「分期付款」這種新興的名詞，總有些排斥，但今天的年輕人對信用卡的看法似乎沒有以前強烈。連年輕女性都說：「如果對別人說這架錄影機是分期付款買的，總覺很寒酸，但若說是以信用卡買的，感覺上就氣派多了。」

其實仔細分析起來，分期付款與信用卡根本沒有什麼不同，只所謂的信用卡乃是企業上的一種心理戰略，目的在於使年輕人消除分期付款所造成的不良感受。就像這樣，只要稍微更改一下名稱，人的意識就馬上被左右，不再感到低人一等或覺得自卑，其實不管是分期付款也好，信用卡也好，都是先預支錢的一種商業行爲。

這種「言語的魔力」在改變古老觀念時最常用到。最有名的例子，當屬東通工企業換名事件：這是家遍佈全國的中小企業，可是一旦改名爲SONY時，卻予人一種煥然一新的感覺，彷彿是一家新興的公司。這証明了語感比語意還要重要，所以

最近許多購物大樓都取一些稀奇古怪的名字，其用意在於此。

這點在金錢借貸方面也有很大關係。爲什麼「當舖」的生意一直不興旺也許跟名稱有關。古時的當舖，一直是平民金融流通所在，但是這種觀念流傳到今天，卻變成只有窮人才上當舖。想徹底剷除這種觀念實屬不易，除非改名換姓，或許能消除人們對當舖的印象。

像分期付款的制度，因其利息過高而受到一般傳播界抨擊，也有許多人反對，但利用的人卻不在少數。如果換名爲高利貸貸款的話，或許大家就會裹足不前了，這完全是名稱不同的關係，可見命名還是一項很大的學問呢！

※欲改變古老觀念時，不妨重新命名可收立竿見影之效。

26

只要稍微滿足自尊心，即不計得失

中國有一個古老的成語故事，名為「朝三暮四」。敍述一人養了一群猴子，有一天他對猴子說：「因為我最近不太寬裕，所以早上三個饅頭，晚上四個饅頭。」猴子聽了，個個勃然大怒，吵鬧不已。於是主人就改變語氣說：「這樣好了，每天早上四個饅頭，晚上三個饅頭。」猴子們都拍手稱好，立刻安靜下來。雖然總數沒變，但感覺上卻有些不同，這完全是短視近利之故。或許有人會嘲笑猴子的無知，可是事實上，人類自己也常犯同樣的錯誤。

譬如在向地下錢莊借款時，窗口小姐笑容滿面的對你說：「借多一點錢比較好辦事嘛！」本來你只想借一萬元的，不知不覺地就借了二萬元。

別人對你說：「如果是我的話，一定借你二萬元。」你就很難說出「我只借一萬元就夠了。」這是因為別人已先讓你嚐到甜頭，使你有飄飄然之感。可是仔細檢討起來，雖然二萬元比一萬元有用處得多，但是加上利息，並不比一萬元划算。可是人總是難以抗拒高帽子的迷惑，不知不覺中就多借了一萬元，也許嚴重時，弄得債台高築、自毀前程也不一定。

地下錢莊往往利用這種心理誘使顧客多借一些錢，同時這也是吸引客人前來的手段之一。一般借錢時，無論是向朋友或銀行，總覺自己是很卑微的。尤其向銀行借錢時，不僅要徹底調查身家，還需找人作保，頗令人心中不是滋味。

相反地，錢莊卻對顧客禮遇有加，你不必低聲下氣，反而對方會把你捧得高高的。恰與銀行作風大相逕庭。銀行總是傷人自尊，令人裹足不前。因此即使錢莊利息比銀行高出好幾倍，而人們明知此點，卻偏往陷阱跳，完全是因爲錢莊擅於利用人性的弱點。

人們嘲笑猴子沒有大腦，殊不知自己是五十步笑百步，因眼前之利卻誤大局的人屢見不鮮，豈可不戒愼乎？

※借錢時最好考慮是否划算再借不遲。

27

輕易借錢者，大多不是經濟困難的人

常常借支薪水的人，據說多半是因爲遊樂，很少是因爲生活窮苦或周轉困難。的確，仔細分析一下人類的心理，爲了遊樂之用的金錢確實比生活用的金錢容易開口借貸。倘若是生計困難而向人借錢，多半會感到自己能力不濟，自尊受到極大傷害。然而爲了娛樂而向人借錢，並不會有覺得自己很卑下的感覺。簡單的說，這種理由借錢，不代表自己經濟窘迫，相反的是表示自己生活上尚有餘裕，才有機會消遣娛樂，所以在借錢時也並不感到任何靦腆。

只是借時容易還時難，有句諺語說：「借時彌勒面，還時閻王臉。」一般人在還錢時，總覺得好像損失一些東西一樣。爲什麼會產生這種心理呢？大抵錢一旦借入手中，感覺上就成爲己有之物，雖然心中明白，這筆錢是非還不可，可是在感覺上，總認爲是把自己的錢給別人用一樣。何況以消遣娛樂爲目的所借的錢，花費是無形的，沒有留下任何有形的物質聊以安慰。換句話說，心理上並不覺得這筆金錢有何作用，就白白還給對方，難免感到十分可惜懊惱。

我有一位學生，暑假準備到北海道旅行，所以向父母借支旅費。一般學生大部份是先打工，將所賺的錢存起來，存足後才計劃旅行等事。可是這名學生恰好相反，他是旅行回來後才打工還錢，爲的是不錯過北海道六、七月間的勝景。旅行回來後，一抵達東京就開始半工半讀。但無論他多努力，所賺的錢全用來償還旅費，因而生活拮据。正因如此，使他的工讀生涯更爲吃力，進行得並不順利。

很多向地下錢莊借款的人，並沒想到利息與本金就像滾雪球似地越滾越大，以致於還錢時深深引以爲苦，當然其中一個原因也是心疼還這麼多錢。許多債台高築的悲劇，錯誤並不在於借錢本身，有時也應歸咎於借錢給別人的人太慷慨大方，使得借錢的人缺少警覺性，才導致不可收拾的悲劇。

＊許多因娛樂而借的錢，常常導致個人身敗名裂。

28 即使金額微少，還時仍一毛不少者，易受信賴

一些江湖郎中在詐騙錢財時都需略施小技。首先向詐騙對象借點小錢，大概只有一包煙的錢。通常很少人會對這些小錢介意，任何人都會慷慨解囊，而且與其說是「借」，不如說是「給」來得恰當。

借到錢的江湖郎中，一定是畢恭畢敬地再三道謝，第二天一大早就馬上把錢送回。也許大部份的人並不記得這些零星小錢，而對於特意前來還錢的人，必定留下深刻的印象，也認爲這個人一定是誠實可靠的年輕人。於是騙子過了一段時間，又再向此人借錢——這次是三、五千元，同時也很守信用地如期歸還。

像這樣如法泡製，施行了幾次，有一天，江湖郎中便對此人開口說道：「我家裡有急用，務必請你借我一些錢。」於是借了一筆鉅款，得手後立刻潛逃無蹤。

如果某人向別人借數額很小的錢，無論多少都能如數歸還，大家一定認爲此人是值得信賴，又能克制自己慾望的好人，江湖郎中就是利用此種人性弱點，取得貸

主的信任。

還有一種情形與上述江湖郎中的騙術大有異曲同工之妙，也是利用金錢的心理，取得對方的信任。例如，還錢的日期，是在約定的當天還，或約定前幾天還，這之間就有很大的不同。福富太郎每次付房租或還錢時，都是在約定的前三天還，因此無論在商界或朋友之間都獲得極大信賴。其實說穿了，這只是他的一種把戲而已。他在約定還錢日期時，本來就把時間定在還錢的三天之後，所以使人感覺到他提早三天還，殊不知他早已暗自決定還錢的日期是在約定的三天前了。

另外還有一種情形，與人相約時，預計自己會晚到十五分鐘，卻事先向對方說：「我大概會晚二十分鐘。」如此相約的對象在等待時，非但不感到生氣，還可博取對方好感。因爲對方原本預計要等二十分鐘，你卻在十五分鐘就已趕到，對方會認爲你是誠實守信的人。福富先生的心理戰略與這種遲到戰略可說是同出一轍。

＊借錢時提早歸還，再借不難。

29

雖等值，但送時髦用品比古物有價值

某位從事高利貸放款的人士曾說：「我對於那些錦衣華服，有良好工作，但鈔票亂丟，又到處逢迎送禮的人是絕對不借錢的。」在地下錢莊猖獗的今天，爲了防止別人倒債或借錢不還，必須具備透視人性的能力，了解何人爲善何人爲惡，這也是人之常情。

根據上述說法，凡是對金錢處置草率的人，必定是個粗心大意且辦事不確實的人。這種看法可說人盡相同，沒有人會提出質疑。就像一包包裝粗糙的禮物，任何人都不會留下好印象。

日本人在包裝上尤其講究，絕對注重有稜有角和平整如燙的質感，就像長褲線條筆直，一看就給人一種整齊淸潔的感覺，這種服裝整潔的人也容易受他人尊重。由此可知，人們都喜歡包裝精美的禮品。尤其婚喪喜慶或調職請客需付禮金的時候，一般人都會刻意到銀行換新鈔，也就是這個道理。

這種心理傾向還可運用於其它事物上。例如向人借錢時，會想悉數奉還已經很對得起對方了，可是如果把這些錢換成新鈔，一定使對方印象爲之改觀，若再把鈔票整理好，放進漂亮的信封內，效果更好。簡單的說，凡事小心謹愼的人，一定會受人信賴。這也是借錢的心理戰術之一。

再談到還錢時，無論自己再忙，也不要請人代還，最好能本人親自造訪，將錢奉上。這是人與人之間交往時的基本禮節。對方也會眞正體會到：「這個人把借的錢拿來還我了。」這種感覺非常重要，可以使對方有安全感。如果請別人代還，這種感覺就會減弱一層，如果不假手他人，而直接撥到銀行，效果就更差了。

＊還錢時不妨把錢換成新鈔，可博得對方好感。

30

贈禮時，禮品價值可反應出交情的深淺

一般人在送禮時，常常爲送禮的種類及價格感到十分棘手。同樣地，接受禮物的一方也頗感困擾。我在學生時代有位好友，現任某大企業要職。他是一個古道熱腸的大好人，經常提攜新進，照顧部下。所以他也經常收到禮物。像有一位部下，本身經濟情況不是很好，卻常常送些昂貴的禮物，使他感到十分爲難。我的好友本身就不喜歡舖張浪費，更何況考慮到對方的情況，更覺得接受如此昂貴的禮物，是十分過意不去的事。

「其實，又何必這麼虛榮呢？」他經常對我抱怨，但我告訴他，這種心態並不是虛榮。

一般人在回報恩人時，不是送東西就是請客，這也是人之常情，但送禮的情形卻因人而異，多以與此人的交情爲準。

往往屬下贈送禮品給上司時，常把對方視爲重要人物，選禮時也特別愼重。社交活動中這種傾向尤其明顯，如果送了與身份地位不相稱的禮物，雙方面都會覺得尷尬。

在日本的社會中，送禮的金額固然因人而異，但一般也考慮到市面上的行情。所以每逢歲末送禮時，常在百貨公司禮品部門看見許多夫婦議論紛紛：「那個人値得送這麼貴的東西嗎？」「送這麼少的金額會不會太失禮？」

此外，接受贈禮的一方，也必定有某些期待，如果對方沒有送禮來，或送的東西比自己期待的價格還要低時，心裡就會感到不是滋味。如果沒有送禮的話，就會批評對方說：「一點人情世故都不懂。」假使送禮過於低廉時，又會發牢騷說：「這個人竟然這麼瞧不起我！」甚至還覺得自己在對方心目中沒什麼份量而感到懊惱。

＊送禮物給上司時，最好選擇價格不易衡量出的手工品。

31

送厚禮給部下時，將會留給對方深刻的印象

大抵贈禮給比自己身份地位高的人，就會選擇昂貴的禮物，比自己社會地位低的人，就會選擇稍爲廉價的物品。譬如送上司高級洋酒，屬下就送國產威士忌。這似乎是人之常情、無可厚非。可是如果情形稍微扭轉一下，送份厚禮給部下的話，將有意想不到的好處。

禮物的價値，往往與收受者的社會評價有很大的關係。任何人都會猜想自己在對方心中的份量究竟爲何，所以在接受禮物時，就會暗想「自己的地位是此種份量，所接受的禮物也應有如此價値。」由此可知，贈品與自我評價是相互輝映。

萬一所接受的禮物比自己預料中豐盛，就會感到意外的驚喜，對送禮的人，也會感到十分信賴。例如部下到上司家拜訪，上司不但拿出上好的蘇格蘭酒，還擺出山珍海味宴請，部下必定感到受寵若驚，對上司一定又敬又愛。這完全是所受的禮遇比自己預想的情形要高出甚多，而感到驚喜之故。

當贈禮比對方預想還高時，也就代表對他人的評價甚高，換句話說也就是看重對方的表現。還有什麼比對方看重自己更值得高興的事呢？此時欣喜的不在於禮品的價值，而在於別人對自己的重視，已藉禮品充份表達。

相對的，如果對方是上司的話，即使送些高價禮品也是效果不彰。因爲上司已經習慣接受昂貴禮品，無論任何珍貴物品，上司也不會感到有任何意外的欣喜。

所以送禮給上司時，如果希望使對方感到欣喜，不必選擇奇珍異寶，應該選擇一些難以金錢衡量價值的物品。譬如「自己家裡種的無農藥蔬菜等」或「居於鄉下的父親親手製作的大餅」等，不僅使對方感到異常新奇，也能眞正取悅對方。因爲已有社會地位的達官貴人，毋需再藉高昂的禮物來肯定自己的地位，因此倒不如送些手工藝品來得妥當。

※對部下的厚愛比金額的投資還有效果。

32

選擇贈品時，不妨以自己的意思為準

我在年終送禮季節將到時，總會觀摩別人送禮的種類作為自己送禮時的參考。換句話說，別人送我什麼東西，相對地，我也回報相同的東西。譬如別人送我洋酒，我也回贈他洋酒。別人送我陶磁飾品，我也回贈花瓶壺罐等。

一般人在選擇禮物時，潛意識中總會想著：「如果他送這個給我的話就好了。」或「自己雖然很想要這個東西，可是實在太貴了。」換句話說，選擇物品的標準往往是在「自己喜歡的東西，對方也會喜歡」的心態下進行的。雖然自己想要的東西，未必是對方也想要的東西，但大多數的人總希望對方與自己看法一致，在心理上就有強迫對方與自己趣味相投的傾向。

這種情形，也可解釋為自己想把對方視為自我的一部份，潛意識中有想控制對方的心理。除了眞正樂善好施的大善人不求回報之外，任何人都會希望對方對自己有所表示，卽使意識上沒有實質的回報，心理上也希望能博得對方好感。

再說得詳細些，送禮給有錢有勢的人，心理上一定想著日後有所助益，同樣地，收禮的一方心中絕不可忽略這些禮品的用意。像許多賄賂事件，那些官員實際上並沒有收取鉅款，有的只是接受業者邀宴，一起打高爾夫球，或收一些小禮品而已，他們以爲這是理所當然之事，殊不知就此惹上麻煩，眞是得不償失。

了解送禮的微妙心理後，將來送禮時，不只是要考慮到自己的立場，還要爲對方著想。簡言之，送禮時當然以符合對方希望爲要，另一方面，也要參考對方送禮的技巧，日後相互送禮時才能皆大歡喜。

＊送禮不知如何選擇時，可參考對方送的禮，送相同性質的禮物就不致出錯。

33

一旦承認差人一等，任憑對方如何花費也不覺得內疚

世風日下，人心不古，多數居住於都市中的人們都有相同的感嘆，人際關係日益淡薄，與鄰居接觸的機會也日益減少，置身於五光十色的十里洋場中，大有世態炎涼之嘆。尤其人與人相處，似乎越來越困難。譬如鄰居分贈自己一些東西時，就必須有相當的回報，否則就會被人批評為不懂人情世故。從另一方面而言，每個人在社會上都不希望自己居於差人一等的地位，因此既然接受對方的禮物，一定要禮尚往來才覺得心安。這種行為總是循環不斷；在心理學中屬於表示謝意的對等行為。

這種心理狀態也可應用於請客與被請的關係中。不過最基本的條件是雙方需處於平等地位。請客的一方心中會想：「我一直都很想請你，你不妨爽快地答應吧！」可是被請的一方心中卻不做如是想，總覺得自己低人一截，暗想日後一定要找機會回請對方。這是因為心中覺得讓對方請就是比對方差，因而引起極大的反抗。

然而，同樣是請客與被請的情形，如果雙方不處於平等地位，情形就大不相同了。譬如，新進人員接受直屬長官邀請時，就不會有想回請對方的心理。他認爲被請是理所當然，甚至連「謝謝！」都可以忽略。此時的請客事件對他一點影響也沒有。這是因爲新進員工在心理上，原本就明白自己是屬於劣位的緣故。

不過還有一種例外情形，就客觀觀點而言，雙方雖然仍是處於平等地位，但被請時卻絲毫沒有抗拒感。這種人一是年輕女性，一是政治家。年輕女性在接受男性邀請時，認爲由男方付錢是理所當然之事，而政治家的情形亦同，他們認爲今日被請，日後一定有所求助於他，所以也視爲當然，而且政治家日後的回報是無形的，事實上，如果認爲被請是一種負擔的話，也就不能稱之爲政治家了。

✳受上司或前輩邀請時，只需說一句「謝謝！」

34

不視被請爲理所當然之人，常受到人們信賴

最近有一句流行語，稱之爲「老人寵兒」，比喻年輕人受到比自己年長、社會地位高的人照顧。像我的一位朋友，就是「老人寵兒」的典型代表。他常受到「老人」垂愛，同時工作認眞，任勞任怨，深受前輩喜愛，而他自己心中也常反省：「我是否眞的取得他們的信任呢？」

有一次，他應邀和某一流企業的負責人打高爾夫球。球局結束後，他滿臉感激地向對方道謝：「我經常受你邀請，實在不好意思，下次一定要讓我請客。」

從客觀角度而言，他與一流企業的負責人，無論從年齡的差距或社會地位的差距來看，由負責人請客是理所當然之事，似乎請與被請之間已成爲固定的關係。但即使是已成固定的關係，對方還能言謝的話，對請客的一方來講，會感到無比欣喜，也不在乎金錢的損失了。

在外人看來，他們請客與被請的關係已被肯定，可是被請的一方卻不認爲如此

，所以心中覺得內疚而欲回請對方，換句話說，他已否定了這種固定的關係，因此使請客的一方感到十分意外，進而對對方產生了極大的信賴感。

相信任何人都不甘心處於吃虧的狀況，雖然由自己請客已是不成文的規定，心中還是會有芥蒂。如果對方亦能看穿這點，願意打破這層規定，由自己平攤金錢的負擔，這種人當然受到歡迎和喜愛。我的朋友是不是已能看透這層心理的奧妙，我不敢斷言。但就憑他獲得「老人寵兒」的頭銜，也絕不是空穴來風的。

像上述有關金錢的觀念，很多人都認為「這種狀況是理所當然。」如果你能打破這種傳統的束縛，與對方站在平等的地位，共同負擔金錢，一定會使對方刮目相看，對你產生極大的信賴感。如果你一直認為這是理所當然的事，甚至因不須付錢而心中竊喜，那往往給人自私、吝嗇的印象，所受的損失就無法衡量了。

＊受上司邀請時，不妨拒絕一次，反而會獲得好感。

35

禮品易被接受，但金錢則易遭人拒絕

我有一位朋友，在偶然的機會下幫助了別人，數天後，對方竟寄來五千元禮金做爲謝禮，使我的朋友非常意外。當初他助人一臂之力並非想要任何回報，所以馬上附了一張謝絕的卡片，把禮金全數奉還。

不料對方接到謝卡後，馬上又附了一張回函說：「無論如何請接受我的好意。」還另外附上我朋友所花的郵資，實在是誠意感人，我的朋友最後只好收下，但他後來對我說：「如果對方不是送現金，而折換爲禮品的話，我可能就會毫不猶疑地收下了。」

雖然禮品與現金的價值相等，可是在人們感覺上卻大相逕庭。當然從原始心理來講，人們收到現金應該會比較高興，對禮物反而會有所微詞：「怎麼送這種東西來。」但一般情況而言，除了本來就互相約定支付現金做爲酬勞外，其它情況如果以現金做爲報償的話，可能使對方相當不悅。

爲什麼呢？理由之一是：「金錢」在儒家思想上可說是一種非常「不淨」的東西，受到影響的社會人士也因此有這種想法。又爲何視金錢爲「不淨」呢？金錢乃滿足人類慾望的一種手段。換句話說，擁有越多的財富，就越能隨心所欲。從那些在花街柳巷銷魂的男人就可感覺到，人類的慾望是相當低級的東西，偏偏這種慾望卻很難抑制。也因此，人類對「慾望」總有些不恥，這也是爲什麼儒家把金錢視爲不淨之物，因爲金錢很容易與低級的慾望聯想在一起。

古時一介清寒之士反而受人尊敬，是因爲他們與金錢毫無牽扯。因此，如果以現金回報他人，對方就有一種受辱的感覺，只是隨著時代的演變，現在的年輕人觀念已有所不同，他們經常大言不慚地說：「如果要送的話，就給現金好了。」眞是令人感嘆世風日下，人心不古。

※送禮時，以禮券代替現金較不失禮。

36

若無正當理由，人們不易接受免費的東西

某地的一家大飯店新開張時，在各大十字路口散發咖啡券給過路的路人。店主認爲既然已發出這麼多咖啡券，生意一定會很興旺才對。然而事實並非如此，上門的顧客很少是持咖啡券上門的。於是大飯店又雇請大批工讀生散發咖啡券，可是仍然效果不彰。

後來飯店改變作風，首先從電話簿中任意挑選幾個市民的電話，在電話中宣稱要做某項問卷調查，請市民協助，凡是協助的市民就贈送一張免費的咖啡券做爲酬謝，實際上這項問卷調查毫無意義，目的在於使市民接受咖啡券。果然不久後，大多數得到咖啡券的市民都紛紛上門，這項策略十分成功。

人們通常都有無功不受祿的心理，雖然是微不足道的小東西也不敢輕易接受，即使是一張只值六十元的咖啡券，人們還是裹足不前。

如果接受對方免費贈送的東西，在心理上卽覺過意不去，就算對方堅持要送，

自己也覺得日後必定要有所回報而感到相當爲難。所以對於街頭免費散發的咖啡券，往往不敢貿然接受。

可是如果是有正當的理由接受對方免費的贈品，則心中就會袪除前述的排斥感，而欣然接受。因爲他們覺得這種報答是相對的，是理所當然的。這也是爲什麼接受電話調查的市民，會落落大方地接受咖啡券，也心安理得地使用咖啡券了。

※贈送對方禮物時，必須有相當理由，否則可能遭到對方拒收。

家庭主婦對金錢的感受

衝動之下可能會付出的款額

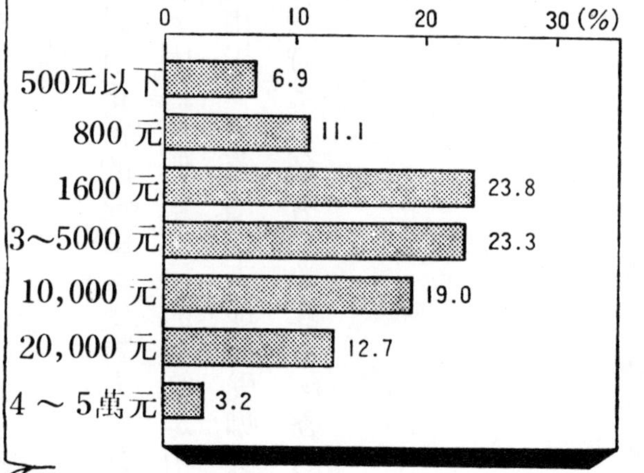

覺得數額龐大的款額

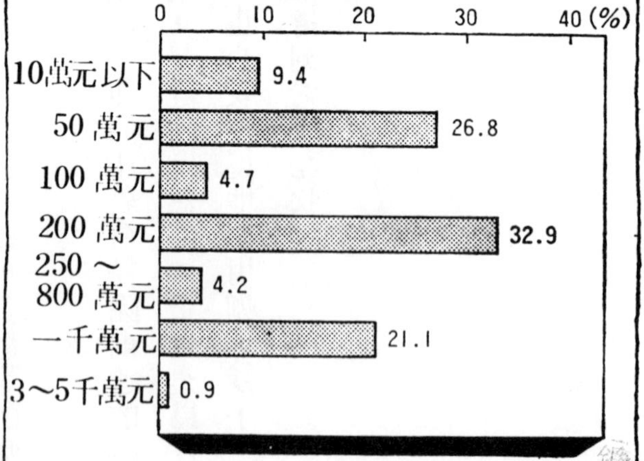

第三章　金錢感覺的心理術

——爲什麼信用卡會使用過度——

37

人們是因有成就而滿足非因收入豐富而滿足

最近有一熱門話題受到大衆矚目。根據各項調查，竟然百分之九十的日本人都認爲自己屬於中等階級。所謂的中等階級，其定義的確相當曖昧，可是由調查結果顯示，大多數的人都有這種意識存在。

這些自認爲中等階級的生活水準並非完全相同，其中有年薪六十萬的，也有年薪六百萬的。如此看來似乎有些不合邏輯，六十萬與六百萬的差距絕對不是個小數目。雖然同爲中等階級，但有每天擠公車上班的小職員，也有每天以轎車代步的大老板，不是很奇怪的不平衡現象嗎？照理說，他們應屬於不同階層的人才對，爲什麼又有相同意識？這是因爲不論年薪六十萬或六百萬的人，他們都覺得自己的生活不算富裕也不至貧寒，沒有心滿意足也不至於牢騷滿腹，所以二者都自認爲屬於中等階層的市民。

古時候有所謂士農工商的階級之分，但是也不代表商人的身份是最下等的，由當時的文學及種種典章紀錄可以得知，商人都很安於現況，也很守本份。他們的生活狀況與今日的生活狀況是相同的。所以不論古今及時代地域，人們都能調適自己以配合當時的環境，隨遇而安的人也多是知足常樂的人。

由別人的角度看來，似乎應是享盡榮華富貴的家庭，實際上仍是省吃儉用的例子極多。因此未必高收入的人一定是慾望較大的人，收入越豐富，其滿足的標準也隨之變更。就像大富翁，往往會應否買下價值數百萬的古董而傷腦筋，平凡的家庭主婦則苦於不知應買一斤五十元的肉，還是七十元的肉較好，這二種心態可說是同出一轍。有人雖有能力購買價值連城的古董，心中仍覺不滿，但有些人卻覺得心滿意足，可見人的心態因人而異，並無絕對的標準。

※請客時，預先減少荷包內的鈔票，可減少請客的花費。

38

一旦金錢離開手上，就有不屬於自己的感覺

有一項調查是詢問顧客選擇銀行時，究竟是以什麼爲標準。結果顯示，大約百分之九十的人都回答選擇附近的銀行。這的確是一耐人尋味的問題，因爲回答「選擇附近銀行」的人，其用意在於提款方便，而非存款方便。另外有定期存款的人，答案多是「選擇較遠的銀行」。因爲定期存款若提前解約的話，利息將會減少，故選擇較遠的銀行，不會因一時衝動而中途提款。

提到存款，令我想起一齣名劇「守財奴」，劇中主角是極吝嗇的守財奴，不捨得吃，不捨得用，終日簞食瓢飲，居住於破屋之中。而他在床下藏了一個大甕，內有千兩黃金，平時沒事時，他就打開大甕把玩黃金，心中感到無比滿足。

一般而言，能自由支配，又覺得眞正屬於自己的金錢，只限於在自己眼前的金錢，一旦不在自己眼前，不管是借給他人，或存入銀行，只要遠離身邊，雖然還是自己的錢，感覺上就有些不同。即使是定期存款，在尚未到期眞正拿到手前，仍然

會有所掛心。

而且有過銀行定期存款中途解約的人，這種感受更加強烈。銀行的錢要提出來非常痲煩，如果臨時有急用要借貸也不容易。因此感覺上，雖同是自己的錢，卻不能隨心所欲地運用。

根據先前的調查報告顯示，發現人類自己在無意識中也懂得壓抑此種心態。之所以選擇較遠的銀行辦理定期存款，必是在於控制自己不中途解約，希望以距離阻止這種情形發生。我認為儲蓄生財的目的也正是如此；雖是自己的錢，又必須造成不屬於自己所有的感覺，才能一直存錢而不隨便花掉。

＊想存錢的話，最好選擇手續麻煩的存款種類較好。

39

得到失而復返的金錢時，總是驚喜萬分

對升斗小市民而言，最快樂的事莫過於領年終獎金。尚未年底時，大家就開始猜測今年領多少錢，這筆錢應做何用途等等問題。

爲什麼如此興奮？因爲這是一筆意外的收入，當然覺得高興。還有一種情形也會令人有如獲得意外之財時的興奮：當初無利息借錢給人，原本並沒有抱著生利息的心理，可是對方竟然連本帶利還錢，將會使自己感到驚喜萬分。

像這樣，一旦從自己手中付出的金錢，又回來時，彷彿是撿到似的，令人心中雀躍不已，有時借錢給別人，時間一久，自己已逐漸淡忘此事，而對方卻突然還錢，也會令自己感到驚喜。此外有人把私房錢夾在書本中，數年後才發現，更是興奮得無以言狀。

前章亦曾提過，一旦金錢離開自己身邊，則所謂的「所有意識」就逐漸薄弱，卽使只是存進銀行或借人，心理上大都覺得已不是屬於自己的金錢了，唯有錢包內

的現金才有眞實的感覺。所以每月從薪水扣除的存款方式，可說是最好的儲蓄法，在不痛不癢的心理下就存了一筆金錢。如果錢已經拿到手中，再想存入銀行，恐怕需要相當的勇氣才行。

有關公務員的繳稅方式，並不是按月扣除，而是一年總計申報一次，因此每次申報日期開始時，也是公務員最頭痛的時刻。因爲一下子要付出一大筆稅金，的確是一大負擔。

每次繳稅的痛苦，不妨簡稱爲「稅痛」。選舉時，如果候選人提出按月扣除稅金的辦法，來減輕這種稅痛，必定受到選民的支持，這也是人類心理的一大弱點。

※不妨考慮採取按月扣除的存款方式較為輕鬆。

①自尊心受到尊重，就會消除低人一等的感覺。

②即使花再多金錢也在所不惜。

■金錢感受的心理學■

③一旦回歸自我又開始斤斤計較。

④稍微奢侈一點就感到過意不去。

40

支付龐大金額時，非常在乎得失利益

據某位中過愛國獎券第一特獎的人士透露，他前往銀行領款時，對行員百般央求，希望能把三百萬現款讓他看一眼就好。可是依照慣例，不能支付現金，必須存在銀行裡。相信這位中獎的朋友一定很希望能親眼見到屬於自己的這筆鉅款。一般小市民恐怕這輩子都沒看過這麼多錢，也不知道三百萬擺在眼前時，究竟是什麼情景。

譬如每年國家預算約十幾兆元，大多數人對此天文數字多半沒什麼概念。如果以一兆元來講，一秒數一元的話，數完全部得花三萬一千七百零九年多。

一般人對金錢的概念僅止於數百萬爲止。購物貸款時欲借三百萬時，雖然心中了解必須歸還這些數目，但事實上大多數人都沒有感覺到連本帶利歸還時的龐大感。換句話說，借錢時若無其事，等到眞正開始還錢時，才警覺到數量的巨大。這是因爲那些金錢已超出現實標準，遠超過自己的想像了。

譬如身爲大貿易商的職員，許多少不更事的年輕人也必須從事巨額交易工作。像購買不動產時，動輒拿出數百萬也毫不在乎。可是這些金錢與他們本身的薪水，根本無法相提並論。或許這些小職員平日一頓飯的預算只在百元之下，但在工作範疇中卻能臉不紅氣不喘地付出數百萬元，這完全是因爲那筆巨款是屬於非現實標準下的金錢。又如興建科學館或社會建設等的交涉人員，在講價時也往往一殺就是數百萬元的金額，他們的心態和前述小職員完全相同。

在現實標準下，一、二百元就斤斤計較的人，也許在非現實標準下，卻能無動於衷地使用一、二百萬元。因爲金錢數額與現實差距越大，越難想像出數額的龐大。

＊買昂貴的物品時，若能事先殺價必能得利。

41

支付百元大鈔與千元大鈔的心境大不相同

最近的電玩店中都增設有兌換零錢的櫃台，如果你拿一千塊去換，他可能換成十張一百元，而不會換成二張五百元，也因此客人常在不知不覺中花盡身上所有的錢才走出店外。如果對方能換回一張五百元的話，也許客人還會留下五百元，只花掉其餘的百元大鈔。

仔細分析使用鈔票的心理，不難發現一百元與五十元較易花掉，而五百元與一千元的大鈔在心理上就有抗拒感，而不忍輕易拿出。這在心理學上的說法，是認爲小額紙幣比大額紙幣，使用時牽絆較小之故。

我們用千元大鈔購物，所選擇的商品範圍較廣，如果決心要買價值一千元的商品時，總抱著買了就不要後悔的心理，另一方面也覺得如果使用不當，便形成無謂的浪費，所以更加謹愼小心。相反地，若用百元大鈔購物時，所選擇的商品種類較少，卽使判斷錯誤買了不該買的東西，蒙受損失的程度也較輕微，故在下決定時，並不如千元大鈔那樣愼重。所以千元大鈔一旦找開，很容易就花光，正是這種道理。

可是這種牽絆，一旦克服之後，就更肆無忌憚了。譬如以中年人尋芳之例而言，有些人一生堅守原則，不做偸腥的野猫，可是一旦嚐過一次甜頭之後，就掉入罪惡深淵而無法自拔。再以高利貸爲例，雖然明知不能走上此路，可是一旦有了第一次，此種防線立刻崩潰，以致最後債台高築，弄得身敗名裂。

所以一千元只要找開之後，無論打電玩或購物，轉眼就花個精光，要預防這種情形，唯有儘量不使大鈔找開來，除此別無他法。

＊錢包內放大鈔較小鈔不易浪費掉。

42

雖是同樣金額，但現鈔與支票的感覺完全不同

我的一位朋友曾經告訴我說，很多因賭馬導致傾家蕩產的人，多半是受地下賭馬所害。所謂地下賭馬，就是一種非法賭馬的組織，不必投票，只需以電話告訴東家自己選擇的馬券，比賽結束後，馬券中的話，就由東家支付獎金，輸的話，必須親付馬券的錢。雖然這種組織是違法的，可是仍然有很多人明知故犯，甚至不能自拔。

而且根據我朋友的經驗談，有些人雖然已經輸了三、五萬，還是面不改色地繼續下注，完全是因爲一切都是電話交易，並未親眼看見鈔票支出，以致即使是輸了很多錢，也很難有輸的意識存在，所以一賭再賭不知節制。通常用支票賭博的話，即使知道已經輸了一大筆鉅款，還是很難控制自己。

與地下賭馬交易時，所賭注的金錢，並非現實的金錢，而是透過電話告知的抽象金錢。人們對於眼前無法看到的抽象事物，通常易喪失現實感。

此種証明之一還有世所聞名的米爾克拉姆實驗。接受實驗的人在另一個房間裡（這個實驗如果稍有差池的話，可能會遭電擊而致命。）主持實驗的人慢慢把電壓提高，如果隔壁房間傳出痛苦的呻吟，就表示電壓過高，需立刻停止。但因爲接受實驗的人並不在實驗者眼前，所以主持實驗的人可以心平氣和地慢慢壓下按扭，如果二人都在同一房間的話，可能主持實驗的人就會踟躕不前了。

前面已經提出，人們對不在眼前的事情，易消失現實感，所以就像地下賭馬一樣，付錢時是抽象的，不像付現金那樣，可以充份感覺到金錢的重量，而產生節制的念頭。

在商業貿易時也有相同的情形，大筆交易時甚少使用現金，多以支票代替，使人很難感受到金錢的現實感，以致動輒損失數百萬。由於「金錢心理」的趨使，人們在使用支票時務必要小心才是。

※爲防止金錢的浪費，最好少用支票多用現金。

43

受過打擊的人，對金錢特別浪費

任何人都有這種經驗，想買一件昂貴的衣服，又不捨得買，幾番掙扎猶豫，最後還是狠下心買下來。既然有「暴飲」「暴食」的形容詞，這種情形或可稱爲「暴買」吧！

也常聽人說，平日脚踏實地，省吃儉用的有爲青年，卻因失戀而一反常態，買了二雙同樣的鞋，又把鞋的右脚丟掉，剩下二隻左脚，還花好多錢大量購置衣物，過了幾天等他冷靜下來後，別人詢問原因何在？他竟然回答說：「我也不知道爲什麼會這樣，我就是想痛痛快快地花錢而已。」

這位青年依常理來看可能有些極端，事實上，精神受過打擊的人，對金錢的態度都會失去理智，而有「散財」的衝動。所以很多發現丈夫有外遇的太太，都把辛辛苦苦存下的生活費，一下子全部用在買珠寶、大衣上。

爲什麼會有這種行爲發生呢？因爲失戀或工作不如意時，人難免會對自己失去信心，進而侷限自我。爲消憂解愁，唯有使侷限的自我再度振奮起來，此時最好的方法就是自由支配金錢。任意使用金錢會使自己充滿快感，不再像平日被金錢操縱，在此情況下，就能平衡自己失調的心態。

在此心態下，平日省吃儉用的人們，難免揮金如土，任意浪擲金錢。正常時心中常會反省：「這價錢對自己而言實在是貴得太離譜了。」「我這樣不是太浪費了嗎？」心理的負擔很大，以致不能隨心所欲購買自己想要的東西。一旦受了刺激，雖然明知是不合理的行爲，但至少痛快地花錢可使自己壓抑的心情稍加紓解，也能享受到花錢的快感，因此也就顧不了其他了。

由於種種心理背景的刺激，也會造成「暴買」程度的差異，不過基本傾向都有散財的衝動。尤其歇斯底里性格的人，這種傾向特別強烈。以金錢來治療這種暫時性的心理偏差，也許還算是便宜的醫療費，可是如果不及時清醒的話，可能將造成身敗名裂的悲劇。

＊平常浪費成性的人，一旦精神不穩時要特別注意。

①心煩意亂或感到自卑時。

②平常不捨得買的東西卻毫不思索地買下。

■浪費心理學■

怎麼樣？不錯吧，才二萬塊吔。
像那種貨色也要二萬塊！

③被嘲笑時……

比起你的應酬費用便宜太多了。

④不但不反省自己，反而攻擊他人，以掩飾自己的浪費。

44

物品價格遠比想像中便宜時，易引起顧客的不安

酒吧大王福富太郎先生著作中，曾有這麼一段耐人尋味的小故事！在日本的池袋鬧區中，有二家對門而居的酒吧，由於同行相忌的心理，因此展開一場激烈的顧客爭奪戰。首先是其中一家採取低價政策，當然另外一家也馬上跟進，於是惡性循環的降價之戰就如火如荼地展開。當時一杯啤酒的價格是三十元，收費五十元，最後費用竟然降到二十元，造成賣出一杯啤酒還倒貼十元成本費的蝕本局面。

也許讀者會認爲在此優待下，二家生意必是高朋滿座，實際情形卻恰好相反，剛開始時，大家對降價還有些好奇，久而久之，就覺得便宜得離譜，反而不敢接近。對顧客而言，並不是價格問題，而是程度問題。當然每個客人都想免費吃喝，但是也願意付相當代價，以獲得夠水準的服務。如果今天喝杯啤酒還可倒賺十元，顧客就會懷疑服務態度是否改變，甚至猜想這其中必定有詐，心中油然生起警戒心。所以物品便宜得超乎尋常，顧客又無相當理由接納的話，反而易造成反效果，形成

滯銷的後果。

就算是瘋狂購物的人，也有一套心理基準。一般人在買東西時，心中就預想這件東西値多少錢。如果對方開價符合心中價値標準，就會引起購買慾望，採取行動購買，如對方開價過高，心中就會抗拒而不願拿出錢來。相同地，對方開價低出標準甚多時，也很難採取行動購買。

以名牌商品來說，一件價値二萬元的舶來品皮包，如果以二千元出售的話，仕女們是否會趨之若鶩呢？如果這個皮包眞有二萬元的價値，而賣方是因某某原因賤價出售的話，女性可能會懷疑這個皮包是不是僞造的？還是有瑕疵？因而有所戒心，不敢採取行動。

＊如果沒有相當理由，不要輕易賤價出售商品，否則反而賣不出去。

①同樣具有現金和信用卡，人們多半不捨得使用現金。

②使用信用卡時，缺乏使用現金的現實感。

■信用卡心理學■

③不吝惜買昂貴物品。

④買完東西後，現金並未短少，故感到極大成就感。

45

若不清楚對方情況，即使竊盜財物，也不會有罪惡感

這是我的一位學生訴說的經歷：有一次他和朋友一起去旅行，晚上投宿某家小旅舍。半夜裏，衆人覺得有些口渴，便走到大廳，把硬幣投入自動販賣機內。結果那部機器發生故障，不僅硬幣源源而出，連飲料也一併掉出來。於是大家覺得異常興奮，派一人看守大門，其餘的人就趕緊收拾硬幣和飲料，回來後，以此引以爲笑談，常常津津樂道此項奇遇。

當然這些學生平常生活態度也堪稱嚴謹，不會無故貪小便宜，也不會白吃白喝，只是爲什麼在這種情況下，會大大方方地拿取飲料而不感到罪惡感呢？因爲對方是屬於「非人格」的自動販賣機，而不是人類，所以免費偸取飲料時，並不覺得有任何羞恥感。

譬如同事的錢包，不小心在你面前掉落，你可能會佔爲己有嗎？當然，如果你對他懷有敵意，那又另當別論。一般對於認識者所掉的錢包，即使四周沒有人目擊

，自己也不敢佔爲己有。如果一有這種念頭，就會覺得有強烈的罪惡感。

可是換成另一種情形來說，倘若不知錢包是誰所有，四周也沒有人，恐怕很少人會馬上通知警察吧？此時，即使把錢包據爲己有，罪惡感也不會那麼強烈。因此依情況不同，心中的感覺也有所不同。同樣的人拾獲同樣的金額，但卻因對象不同，而產生不同的心境。

侵佔金錢的行爲，如果對象的情況不夠明確具體的話，犯罪的意識就會越稀薄。像失業保險給付不當及逃脫的情形由來已久，有關單位也嚴格取締，可是事情仍層出不窮而無法杜絕。原因就在於犯罪的人，他們所應付的對象是國家的法律，而不是具體的人類，即使做錯事，也看不見對方的態度，所以就更肆無忌憚。許多公家機關舞弊的情形也是相同的。

＊貪污的情形無論多麼嚴格取締，仍然很難預防。

46

一次漲價一百元，不如分五次，每次漲二十元較易被接受

人類的味覺雖是與生俱來就已固定，可是事實卻並非如此。有一位太太，先生罹患了高血壓，醫生指示說不能吃塩份過多的食物，她依照醫生所言，煮菜時不放塩，沒想到丈夫卻拒絕進食。後來這位太太心生一計，每次做飯時，偷偷減少塩量，減少的程度必須使丈夫察覺不出來。毫不知情的丈夫，在漸漸習慣清淡的食物後，還會稱讚太太菜做得很好。這完全是人類味覺的變化所致，一下子不放塩，味覺無法適應，自然產生排斥感。若每天減少一點，久了就漸漸習慣。不只味覺如此，其他感覺也是一樣，甚至金錢方面也有相通之處。

計程車費漲價時，開始幾天，許多人都拒絕坐計程車，改搭公車或火車。可是一旦公車費也開始漲價，甚至日常各種物價都相繼上漲之後，抗議計程車收費太高的人，也漸漸消聲匿跡了。從前有些晚歸的人，從車站到家中這段路，除非傾盆大雨，否則寧可走路也不願搭計程車，慢慢的，也會以疲勞爲藉口，而常搭計程車了

。

當然，如果計程車費一下子上漲三、五倍又另當別論。實際上並未大幅度上漲，不過是起價提高幾塊而已。公車或火車也都是提高一點成本費罷了，剛開始時，的確有許多人大肆抨擊，等過了一陣子，大家習慣後也就平靜如昔了。

以日常生活所發生的情形而言，大多數人對通貨膨脹的經濟危機都沒有切身之感。事實上，近十年來，物價上漲的程度已達十倍之多，只是人們在回顧過去時才會感覺到膨脹的情況，平常仍是安然度日，當然，任何費用一開始漲得很離譜時，總有許多抗議行動產生，人們心理的反抗程度也很強烈。不過時間一久，消費者心理的抵抗情緒就會逐漸薄弱，最後，甚至對漲價麻木而不再關心了。

※零用錢或津貼要減少時，不要一下子降太多，分次降價較易被人接受。

47 一下負擔鉅款時，可以採用「心理除法」以減輕心中負擔

有一位年輕的薪水階級男士對我說，他如果打麻將或賽馬輸了五、六千塊，並不感到特別難過，但是換個角度想：「這些輸掉的錢，可以去餐廳二、三次了。」時就會覺得非常後悔。

因爲輸掉的五、六千塊不過是抽象的數字，所以感覺並不強烈，但若以生活中的單位來換算，自然感到金額的龐大，而立刻湧現後悔的情緒。

有些抽象的數字概念，若換算爲現實上的例子，就能馬上警覺到金額的龐大。譬如有人請你吃一頓價值三千元的晚飯，雖然不用你付錢，可是你還是拒絕，那是因爲想到三千塊夠自己全家吃一頓上好牛排，換算起來讓別人破費這麼多錢，實在過意不去，所以還是拒絕比較心安。

假若沒有這種換算的警覺心，則遇到支付鉅款時，就不會感到數額的龐大，容易演變爲傾家蕩產的悲劇。

在我們身邊常常可以看到許多數字遊戲，也就是把金錢的單位稍稍變更，就可改變人們對金錢的感覺，也能減輕心理負擔。譬如高利貸的廣告常常寫著：「一萬元一天才二十五塊利息」誘惑客人。然而仔細分析的話，就可發現利息竟然高達年息百分之九十以上，只是以每天爲單位，驟然就減低了龐大感。這種利用「心理除法」的方法，可使人們消除金錢的抵抗感，不知不覺中就被廣告吸引，而陷入高利貸的深淵。

此外，分期付款也是此種心理的利用。一下子要你拿出五十萬買車子，可能會百般躊躇，但若要你每月付五千元，感覺上就輕鬆多了，許多家電產品都是利用人們的這層弱點，而展開推銷行動。

如果你是一個愛慕虛榮，喜歡揮霍的人，下次花錢時，不妨多考慮一下，以生活上的日常需要爲換算單位，來警惕自己節制金錢。

※要買昂貴物品前，先想「這些錢可以××好幾次」就可以杜絕浪費。

48

計算金錢時，尾數若能交代清楚會使人產生信賴

這件事已經是十幾年前的事了。有一位藥店老板前往銀行借款周轉。行員問他需要多少錢，他回答是十五萬二千元。他說如果只借十五萬太少了，十六萬又太多，所以十五萬二千元正好夠用。銀行經理便開始調查藥店老板的信用，發現他算帳目清楚，連尾數也不例外，因此很快就辦好手續貸款給他，藥店老板可說是以尾數正確無誤而取得別人信任。

如果在計算金錢時，連尾數也能交待清楚，必能使人產生極大的信賴感。像前述的藥店老板，借錢時也能計算精確，的確使人信服。

付錢的情形也是一樣。例如向人借錢時，事前就要問清楚利息多少，還錢時也必須計算清楚，一分一厘都不得馬虎。還有擔任學校幹部或典禮算帳時，進帳多少，支出多少，都要據實以報，每一筆款項也要登記詳細，如此不僅能使老板留下深刻印象，也獲得大衆的信賴。相反地，如果你任意把尾數去掉，只寫出大概的金額

，別人必定認爲你是粗心大意，不能託付重任的人。同樣是管理金錢，卻因尾數的差異，予人的印象也大相逕庭。

國會議員對這方面當更有心得才對，因爲議員對國家預算通常都是錙銖必較。當議員宣佈去年度總預算爲某千某百某十某萬，建材上漲比例爲百分之幾點幾時，必定使人覺得他是一位認眞盡責的好議員，也能獲得極高的評價。

不過這種尾數的觀念，在計算自己的金錢時最好不要使用。譬如自己錢包的錢，連幾毛都記得一清二楚，難免給人一種斤斤計較的感覺，或許別人還會認爲你是個吝嗇的守財奴呢！可是話又說回來，有些侵佔公款的大騙子，就是把尾數如蠶食般地慢慢據爲己有，久而久之也是一筆不小的數目，所以爲人處世時，還是要帳目分明，一絲不苟，才能獲得別人的尊重。

＊申請貸款時，最好連尾數也計算清楚，較易取得別人信任。

49

易對地位高且金錢觀點與自己相同的人產生親切感

日本的重建大王大山梅雄先生，在西元一九六〇年重建津上時，曾有下述一段談話。他宣稱欲重建津上，第一條件就是希望徵得四百五十名志願退休者，因此津上員工在迎接大山先生上任時，對他均懷有一股敵意。

身處四面楚歌之中的大山先生，首先召集工會委員長說：「麻煩你辦一次餐會，每人出二百元，我也出二百，大家平均分擔。」

面對簡單的餐點，大山先生對全體員工眞摯地說出自己的重建計劃。想到即將離去的員工，中途有好幾次哽咽難言，這時，有一位深受感動的員工站起來說：「我是心甘情願退休的。」於是原本氣氛充滿火藥味的會場，一下子轉爲溫馨感人的場面。

大山先生之所以改變員工對他的印象，除了眞情感人及直言直語外，他的金錢處置方法也使人無話可說，身爲高級主管竟也與員工一樣分擔餐費，此種作風可說絕無僅有的。

換句話說，在員工心中認爲董事長所開的餐會必是豪華氣派，只是優待員工，所以每人只出二百元，可是一到會場，卻發現完全不是這麼一回事，董事長自己絲毫沒有官僚作風，所吃的餐點與自己一樣也是簡單實惠的便餐，便暗自讚佩這位平易近人的主管。一般人只要發現原本高高在上的人，金錢觀與自己相同時，立卽會對此人產生親切感。

相反的，如果對方金錢標準高出自己甚多時，就會對此人產生反感，有時甚至批評說：「他是不是自認有錢，才不屑坐國民車。」

有平民宰相之稱的田中角榮，對這點特別注意，所以經常身穿便服木屐，以取得民衆好感。如果他經常錦衣華服的話，可能就會遭人杯葛。同樣地，主管在邀請部下聚餐時，與其到灯紅酒綠的高級俱樂部，不如到可以不拘形式任意交談的啤酒屋，效果將更好。

※當晚輩或部下有所拘束而不敢應邀時，不妨選擇平常的飲食聚餐，將會祛除這種拘束感。

50

多數人在談論自己的金錢時，都會有所隱瞞

許多奸詐狡猾的騙子，其騙術之一就是對人公開談論自己的財產，以取得別人信任。譬如他們在海外交易時，會主動把一些敏感的話題先引出來，像契約金之類的問題等等，然後利用機會很自然地掏出名貴懷錶，使對方覺得他是有錢人，以取得對方信用。

同時也很直言不諱地談論自己的財富，相信有不少人爲他們高明的演技所迷惑，而不自覺地掏出大筆金錢吧！通常坦白談論自己錢財的人，大部份都是巧言令色，妖言惑衆的惡棍。

在正常的心理狀況之下，任何人都會對自己的錢財有所保留，不輕易向旁人吐露，這也是人之常情。因爲大多數的人都覺得實際薪水比自我期待的水準爲低，這種差距如果過大的話，人們往往以目前的薪水爲恥，而不敢告訴別人。

可是如果大得離譜，有些人或許還自嘲的說：「我的年薪只有這麼一點點呢！

」心中想著：「這麼低的薪水大概沒有人相信吧！」

至於公務員所以能互相心平氣和地談論薪水，是因爲他們的薪水完全依照年資與階級來決定，與個人能力無關，所以才能毫不忌諱地談論，如果談到「你有多少存款」時，恐怕立刻三緘其口了。

像這樣，本是難以啓齒的金錢問題，卻能開誠佈公交談的人，必定有所欺瞞。例如：江湖郎中存心欺騙錢財，就會毫不忌諱地公開自己的財產，而且多半是誇大其實，以取人信任，其他像歇斯底里性格的人也有這種傾向，他們常不自覺地說謊，在這類人的觀念中，現實與希望原本就形成脫節，所以當你看見一位揮霍無度、錦衣玉食的人時，不要以爲他眞是家財萬貫的大富翁，也許他正債台高築，四處借貸呢！

✳總經理在景氣復甦時，最好深自反省公司是否有經營不善的情形。

51

由金錢的態度可看出此人人格

日本有一位知名的政治家，姑且不論他是屬於何黨何派，反正他是一位能力卓越，幾可左右政壇的大人物，甚至總理大臣也不得不對他退讓三分，然而最後他卻寂寂而終，壯志未酬。問題不在於他不想成爲一位呼風喚雨的大人物，而是他不能。

簡單的說，問題在於他的金錢態度。有一次，一位親信親眼看見他在會館的私人房間裡，打開薪水袋，一毛一毛地仔細點算。恰好有一塊硬幣滾落桌下，他趕忙扒在地下仔細搜查。這件事情究竟是眞是假，難以斷定。但以他如此斤斤計較的態度來看，就證明他是一位非常拘泥於錢財的人，而且也容易讓人聯想到他的吝嗇本性。

也許這種對金錢的態度與人的器量或人格應是毫無關係才對。譬如就商場貿易來說，一件僅値二、三元的貨品，有時仍必須殺價，因爲數量越大，數額的差距就是一筆可觀的數目。但這並不表示負責交易的人一定是錙銖必較的人，可是話雖如此，也許仍有許多人會因此而改變此人的觀感。

所以，許多人往往因某人對金錢的態度就直接判斷他的人格。如果某人不計較錢包內的小錢，接到薪水只約略點個大概，表現出一副落落大方的態度，衆人必定對他推崇備至。因此，大多數人判斷別人是大方或小氣時，往往以其對金錢的態度爲基準，當然也有很多人對自己荷包內的錢錙銖必較，對外卻面不改色地大宴賓客，這種人也不在少數。

還有另外一種情形，雖是對小錢斤斤計較，但若有相當合理的理由時，也不會遭到批評。譬如主張各付各的人，或許有些人覺得他很小氣，可是，如果他秉持的理由是：「我自己不論在任何場合都不喜歡牽扯到借貸問題。」時，大家就不會覺得他是一個吝嗇鬼了。相反地，他如果漏出一句：「你少付五塊錢。」別人對他的評價立刻會改變。

＊面不改色任意揮霍的人，並不一定就是真的很大方。

52

不論金額多少，只要曾經接受過，以後就不會再拒絕接受大的金額

最近公務員貪汚事件層出不窮，每次我看到他們貪汚的金額都非常震驚，有些並不是數百萬之譜，只不過幾十萬而已，甚至有些僅有幾萬罷了。

仔細想起來，爲了如此微小的金額，而斷送個人前途，實在令人百思不解，可是事實上，大多數的貪汚官員，並不覺得自己曾經「貪汚」過，只是在醜事被揭發後，才警覺到自己已經「貪汚」了。

當然貪汚的官員，非常淸楚自己如果觸犯法令的話，必然身敗名裂。可是他們之所以會因爲一些小錢而斷送個人前途，就在於金錢的數量實在太微不足道了，因而使他們缺乏警覺心。

換句話說，業者若是一開始就塞數百萬的大紅包給政府官員，任何人都將有所戒懼而不敢貿然接受，也就不致發生這麼多貪汚的悲劇了。可是對方只不過請喝一杯咖啡，這時官員定覺得，只是正常的社交行爲，而欣然赴約。凡事有了開頭，就

會一而再，再而三地重複。下次對方送禮，那種拒絕的念頭也逐漸薄弱了。相信每個人在內心深處，原本都築有堅固的堡壘，自己堅守其內以拒絕外界的誘惑。然而一旦有人突破防線，侵入堡壘之內，自己所建築的堡壘必毀於一旦。

只要曾經覺得如此並不爲過的人，慢慢地對金錢的感覺就會痲痺。譬如本來覺得坐頭等艙很浪費的人，坐了一次以後，發現挺舒服的，於是逐漸坐上癮，到後來變成非坐頭等艙不可。貪汚的官員也是一樣，本來覺得接受一杯啤酒都過意不去的人，慢慢習慣後，連喝高級洋酒都覺得是理所當然。

※欲使對方容易收下禮物，可向對方說：「如果你不收下的話，會使我很為難。」

53

失意落魄時，無論贈金金額多少，都覺得數額龐大

目前活躍於日本畫壇的某位西畫家，常常述說他年輕時的艱苦情形。在他未成名之前，有一次他拿了一幅連自己都沒什麼信心的畫，給一位認識的畫商看，那位畫商看了一下，竟出了比自己預想中還高出許多的價碼買下來。在畫商而言，他一定是認為畫者值得投資，才肯出高價買畫，不管怎樣，這筆錢的確使這位畫家免於飢餓之苦，度過了最蕭條的時期。

所以，就算今天畫家已小有名氣，也不敢忘記當時雪中送炭的大恩大德，再賣畫給他時，絕對不敢抬高價錢。

人們對金錢的感覺，往往因環境狀況不同而有改變。即使相同金額的錢，有時認為是天文數字，有時卻不屑一顧。像前述那位畫家，窮困潦倒時，認為對方開的價錢是一筆大數目，但在現今功成名就時回顧起來，會發現那筆錢不過爾爾，這種人類微妙的心理，相信曾經失意或落魄過的人，一定很能體會個中滋味。

以前還是自民黨總幹事的田中角榮，對自民黨的選擧之戰指揮若定，選擧結束後，又對落選的議員，無論派系都贈金慰問。並說：「此次選擧未能獲勝，實令人悵甚，但請再接再厲，努力不懈。特致薄金調養身心，以求東山再起。」相信任何叱咤風雲的議員，一旦落選，都會感到愧憤難當，而且不論身心或財物都顯得窘困不堪，此時接獲田中的幫助，必定特別感到溫暖及感激，心甘情願地投效田中，甚至爲其兩肋揷刀亦在所不惜。田中角榮之所以擁有如此衆多的心腹，實不是一蹴可幾之事。

如果田中致贈相同禮金給當選的議員，情形又是如何呢？當選的議員必定接獲許多賀禮，此時再錦上添花，非但不能獲取對方感激，很可能連看都不看一眼就擱在一旁。所以身處困厄之人，對金錢的感受比平時更爲敏感，一點點小數目也能令他感激涕零、永誌不忘。心思縝密的田中就深知此種心理。應用得當，才有今日的地位。

※探病或奠儀的數額當比結婚或高陞的賀禮還多才對。

54

即使薪水不多，若有相當理由，亦欣然接受

有一種現象我一直感到百思不解，就是空中小姐經常有抗議薪水不公的情形。依她們的所得，與其它女性勞工比起來，算是高所得者，可是爲什麼她們依然感到不滿足而時時叫囂加薪呢？

我想絕對不是因爲空姐慾望比別人高。如果已是高收入者，卻又時時感到不滿意，照常理而言，必是對現狀及所有權利感到不滿。換句話說，在她們心中，並不覺得自己是高收入者，所以理直氣壯地提出抗議。只要覺得自己待遇不合理時，就認爲應該再調薪才對。以我本身而言，我最初在千葉大學任教，老師宿舍自明治時代以來就一直是木造的建築。研究室是一個大房間，多人一起共用，而且沒有暖氣設備，只有一個大火爐。後來研究室改爲一人一間，宿舍也改爲抽水馬桶式的新校舍，雖然還是木造的，可是我心裡已覺得很滿足。

但是剛開始搬過來時，沒看過以前宿舍的人就會批評說：「怎麼宿舍是木造的

。」而知道以前情形的人則很高興的表示：「比起以前來眞是好多了。」只是偶而發發牢騷說：「怎麼還是木造的。」又過了幾年，校舍改爲鋼筋水泥建造，暖氣也裝設中央系統控制的空調設備，比起以前用火爐的寒舍，簡直有天壤之別。可是後來的學生看見新建好的校舍，又會挑剔說：「怎麼連冷氣都沒有。」同樣一棟建築物，竟因爲時間不同而產生差異如此大的評價，實在是令人難以預料。這些學生，理所當然地認爲校舍本身應是一應俱全，所以一旦發現短缺某項設備時，自然而然就會發出不平之聲。

凡是人類，都會對自己身處的環境感到不滿，所以不論薪水調得多高，都是一時滿足，待過一陣子後，又會對現狀感到不滿，而另有要求。

簡單的說，不滿的情緒完全依個人觀念而定。如果個人觀念稍加修正的話，某些程度的不滿及慾望就會消失，譬如你雖然明明知道待遇極不合理，可是不妨換個角度想：「同事們還不是和我一樣。」或「業界皆然」等儘量找尋接受的理由，就能緩和這種不平的情緒了。

✳欲抑制員工對薪水的不滿，與其加薪不如說明低薪的理由。

55 人們對金錢的態度，因環境不同而有所改變

隸屬於某集團的人，在下意識中，就會以此集團的價值標準作爲自己的價值標準。例如，黑暗中有一束光，當它停止時，必能覺察出光的移動，這是人類生理的自然反應。可是光移動的幅度，每個人的感覺卻不盡相同。有些人認爲移動幅度很大，有些人則認爲幾乎沒有移動。若把這些人全部集合在一起，再讓他們看一次同樣的實驗，可能結論又與前次有所不同。原本覺得移動劇烈的人，這次會覺得縮小許多，相同地，原本覺得沒什麼移動的人，卻又覺得移動幅度很大，換句話說，大家的答案接近，差距也縮小了。

由此可知，人處於某集團中，往往受此集團的影響很大。尤其個性常常有依附他人傾向的人，若全體向右的話，就不可能突破傳統向左，不過這也不表示你是被大衆的意見所壓抑而不得不向右，而是因爲自己往往會失去本來的自我，產生一種錯覺，以爲自己的意見也與大衆相同，不知不覺就人云亦云了。

＊如果能克服「大家都買了」這種心理誘惑的話，就能做到節儉的地步。

有關金錢成語的感受

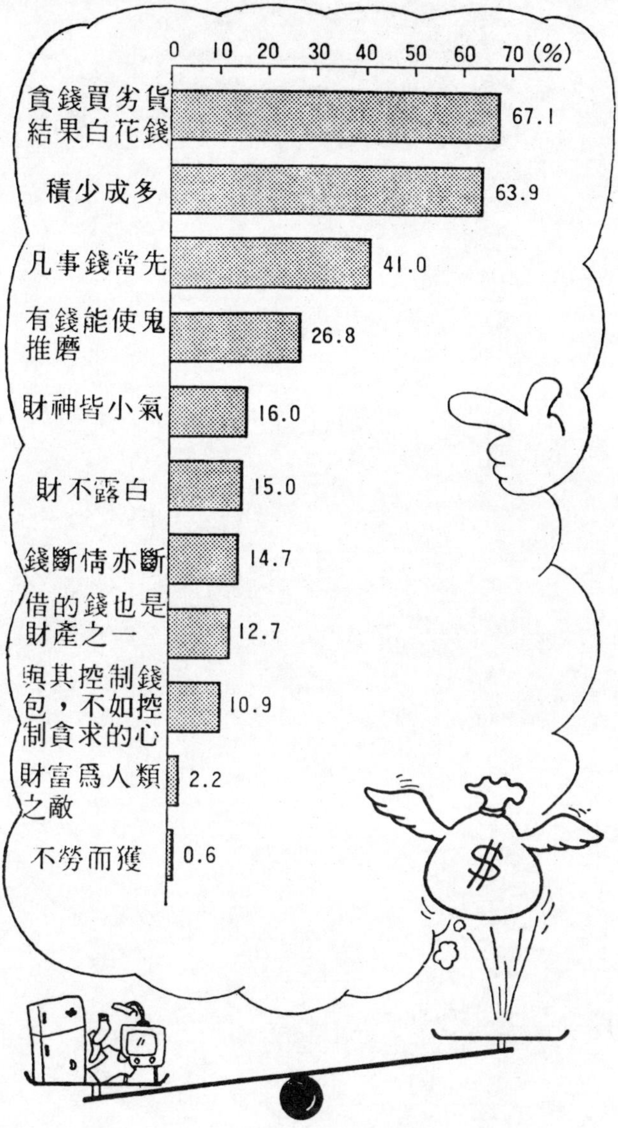
0 10 20 30 40 50 60 70 (%)
貪錢買劣貨結果白花錢 67.1
積少成多 63.9
凡事錢當先 41.0
有錢能使鬼推磨 26.8
財神皆小氣 16.0
財不露白 15.0
錢斷情亦斷 14.7
借的錢也是財產之一 12.7
與其控制錢包，不如控制貪求的心 10.9
財富爲人類之敵 2.2
不勞而獲 0.6
$

第四章 買賣心理術

——為什麼貴的東西會覺得便宜——

56

未親眼見到的東西，不論再高價也捨不得花錢

一般所謂的心理治療，就是心理醫生與病患對坐，藉相互交談治療心理的癥結。我有一位朋友也是接受心理治療的患者之一，可是他常常對我抱怨說：「醫生只是和我聊聊天，為什麼一定要付錢呢？」相信也有不少患者有類似的想法，的確這種治療方法，既沒有藥物，也沒有放射線檢查，完全是一種無形的治療。

一般人對沒有親眼見到的東西，都不習慣付出金錢。除非像車子、房子這種眼睛看得到，手觸摸得到的東西，才會捨得付錢。這種傾向女性特別明顯。女性通常只關心珠寶、毛皮大衣這些具體的東西，也不惜高價購買。對於像經營上的建議，無價的創意等抽象的東西，就很難出錢換取。

美國有一則盛行的笑話。在一個同學會上，有一個人對已成名醫的同學說：「最近我的胃一直不太舒服」醫生說：「恐怕是胃潰瘍吧，你得早點找專門醫生看一看。」幾天以後，這個人就接到醫生同學寄來的診療帳單。他在憤怒之餘立刻打電

話給一位當護士的朋友，大駡說：「那個人簡直不是東西。」護士回答說：「依法律立場而言，他是有權這麼做的。」結果第二天，這個人就接到了護士寄來的交談帳單。

當然這純屬笑談，在美國，一般人民對無形的東西，都有付錢的觀念，可是東方人卻沒有這種習慣。

有關這點，使我一直感到心悅誠服的是廣告公司的作法。他們所出售的東西正是無形的創意，當然他們不可能直接出售創意，而是把它製作成企劃書，然後加上精美的打字，漂亮的封面，使無形的創意，成爲一份眼睛看得見的具體企劃書，也使人們能充份了解他們所欲表達的意見。如果他們只是以口頭說明的話，恐怕對方在心中的評價卽使不是零，也所差無幾了。

✳要推銷企劃時，與其打電話不如以書面報告較好。

57 容易一時衝動買下非日常性的商品

電視通訊銷售的力量往往令人不可思議。前幾天我偶然在電視上看到一個廣告是銷售「坐著就能做體操的椅子」，當時我覺得這個商品很奇怪，相信有很多人也與我的看法相同。可是話雖如此，竟然有很多人只憑電視上的廣告就大肆訂購。

所謂的「通訊銷售」，本是源於美國，美國人民往往從目錄或廣告上看見合宜的日常用品，就立刻訂購，雖然這種方法頗爲便利，但對東方人來說，卻很難接受這種方式，當然這是由於國情不同使然。另一方面，東方人在購買日常生活用品時，必定要親手接觸，試試看好壞，覺得合意後才肯付帳，也因此，對於通訊銷售的商品，很少人願意嚐試。

部份在日常購物時都非常謹愼小心的人，竟然僅看到「體操椅」的廣告，尙未實際接觸到，就不加思索地訂購，實是令人百思不解。事實上，報上也常常見到類似此種商品的廣告，像風行一時的蒸臉器及美容器具等物，都是藉通訊銷售的力量達到促銷的目的。

爲什麼這些東西並未讓人親眼見到，而仍有許多人大肆採購呢？簡單的說，因爲這些東西是非日常性用品之故。換句話說，這些東西可有可無，卽使買到不良產品也不致形成生活上的困擾。像這種與生活無直接關係的商品，人們通常不會詳細考慮，只是直覺反應「有那樣東西，不是很好嗎？」正由於心理上有這層誘惑，所以對於商品的品質、機能、價錢都未列入考慮範圍，只想快點得到商品，所以就會在一時衝動下，打開荷包訂購商品。

最近在年輕人當中，相當流行日常性與非日常性的說詞。而且對日常性的東西，意向甚爲強烈。根據他們的分類，滑雪旅行屬於日常性，溫泉旅行則屬非日常性。所以當年輕人去滑雪旅行時，就視爲日常生活的一部份，但去溫泉旅行，似乎感覺上比較特殊，甚至會搭乘高級火車前往，一般對非日常性的東西，金錢的使用尺度就比較開放，可是最近年輕人對溫泉旅行日益熱衷，或許不久之後，它將轉爲日常性的活動了。不過，談到購買自己喜歡的東西時，又另當別論，譬如你很喜歡音樂，在添購唱片或錄音帶時，必定相當挑剔，不會因一時衝動而胡亂購買。

※商品若訂價太高時，最好聲明純為娛樂用，較能吸引顧客。

58

看到好的東西往往會超出預算

預算的目的是為使金錢不任意浪費，並能充份控制開支，所以在家庭中有預算的擬訂，不過這種行為仔細剖析起來，與人類心理確有密不可分的關係。

平常我們在決定購買大的物品前，都會先看看說明書或樣本介紹，然後心裡再經過一番掙扎，決定後便對自己說：「把這列入預算內吧！」這才高高興興地出門去購買。可是一到店裡，看見更好的商品，心裡便又動搖而重新擬訂預算。人們所以會不自覺地把眼光移到「更好」的商品上，可以說完全是一種習慣。

譬如，一位女性原本預定購買一條三萬塊的真珠項鍊，到了店裡，卻看上價值三萬二仟元的另一條項鍊，這條項鍊色澤鮮明，顆粒也比較大，三萬塊的項鍊和它比起來，就顯得遜色多了。此時女性心中就會重新考慮是否要改變預算。如果那條項鍊價值四萬塊的話，就超過太多了，可是現在只要多出二千塊，就能買到一條更好的項鍊，算起來還是頗划算的，於是就決定買下三萬二仟元的項鍊。換句話說，一般人常在心裡衡量金錢的差距與物品的差距是否値得，如果値得的話，就會改變原有的預算而購買較貴的物品。

此外，從事房屋業的人員也非常懂得利用此種心理。譬如有位客人想租八千元左右的套房，房東就幫他看幾間條件比較惡劣的房間，如陽光無法照到，或離車站較遠的房間。

然後以試探口吻問他：「再貴一點的可以嗎？」於是帶他參觀月租一萬元的房子。再一一介紹這些房子的好處，如視野遼濶，交通方便等，在客人感覺上，似乎差別挺大的，所以最後就會決定租下一萬元的房子。

像上述這種例子，可說不勝枚擧。又如去百貨公司買領帶時，店員總是先拿出較差的貨品讓你選擇。她如果一下子就拿出很貴的貨品，會使客人覺得自己預算過低而感到窘迫，反而不會想買貴的商品了。

※銷售物品時，不妨拿出幾樣稍高出客人預算內的貨品，將更易於促銷產品。

59

雖是同樣價格，黃色標籤感覺比白色標籤便宜

前幾天我去逛百貨公司，和一羣大學女生擦身而過，聽到她們其中有一人這樣說道：「每次大減價時，我看到專櫃上貼著黃色標籤的，就覺得比較便宜，忍不住地向那個專櫃買點東西。」

這個現象在心理學上是頗耐人尋味的一個問題。一般提到黃色就會聯想到不好的事情，像「黃色書刊」「黃色笑話」都是不好的比喻。書本的紙張如果不是上等的白紙，而是稍微粗糙的黃紙，也會予人一種廉價的感覺。所以，凡是定價很高的書籍，一定採用特別漂白過的白紙。此外，在美國也是一樣，隨筆雜談等消遣書籍採用的大象紙張，通稱爲「黃紙」（yellow paper）。

甚至汽車也不例外，多數人對黃色車子都不具好感，日本人有百分之六十的人都喜歡買白色車子。以前市公車也是一身土黃色，經常受到市民批評，現在才逐漸改變顏色。

由上述種種例子可知，黃色予人一種廉價、低級的感覺，像剛才的大學女生認爲黃色標籤給她特別便宜的感覺就是這個道理。類似此種色覺的變化，並不止於黃色。

百貨公司大減價時慣用的伎倆，就是用紅筆把原來的價錢塗掉，旁邊再用手寫上新的價錢。如果是活字印刷的數字，往往給人一種公式化權威性的高價聯想，所以百貨公司用顯注的紅色把原有價錢劃掉，再在旁邊寫上新的價錢，這時就給人一種特別便宜的聯想，雖是同樣價格，用手寫的感覺就比印刷便宜，這也是商人利用顧客心理的一種手段。

像這種視覺上的錯覺，其實是非常簡單的。就是因爲簡單，所以能很快映入人們眼簾而留下深刻的印象，不知不覺中因此被矇騙，誤以爲價錢眞的降低許多，而中了百貨公司的圈套。

＊欲大減價時，最好重新寫上標價以吸引顧客。

60

金錢交涉時，最初條件雖嚴苛，最後仍是有利的

如流氓在勒索別人拿出金錢時，開始時往往提出離譜的要求。當你不小心與流氓的車子相撞時，對方就會故意撞一個大洞，使你花費幾萬塊的修理費，然後笑著對你說：「這樣我們倆都扯平了。你少出一點，我也少要一點。」被害者這才恍然大悟，當初惡徒開價過高，好說歹說少了幾萬元而暗自慶幸，其實還是中了圈套。當然修理費比起被勒索的錢是減少許多，所以心理上依然覺得划算。

如此不但不覺得自己吃虧，反而還認爲自己佔了便宜，完全是因爲一開始對方開的條件過高。這在心理學上稱爲「對比效果」心中誤以爲：「與本來比起來也不吃虧。」因而覺得自己佔了便宜。

在國外買東西時，這種類似的心理特別常見。經常有很多人出國觀光回來後，都說自己買到了便宜貨。連我去東南亞旅行時，也自以爲殺價很高明。

有一次，我看見一個價值二十美元的商品，我心想如果對方賣十元的話，我就

買了。但我一開始仍假裝很老練地問他：「五元賣不賣？」對方說：「不行，最少十五美元。」經過一番討價還價後，對方降到十一・五美元時，我就一口答應了，雖然這數目比預想的十元要高一點，可是比起原先的二十元的確要少多了。於是我毫不思索地買下來，還爲自己殺價的能力感到沾沾自喜。可是當我拿了包裝好的貨品，走到隔壁的店時，發現鄰居中同樣的貨品竟然才賣九塊錢，使我當場爲之氣結而惱恨不已。

＊講價時，最好一開始就開出對方不能接受的低價。

61 如果四周環境頗爲高級的話，即使很便宜的東西也顯得身價不凡

「波魯協」（Porsche）是西德有名的高級運動車製造公司。最近「波魯協」太陽眼鏡、手錶都成爲炙手可熱的熱門貨。波魯協原本是汽車廠商，並沒有出產眼鏡或手錶。但因波魯協名聲響亮，又是高級品的代表，所以只要冠上波魯協的名稱，不管是手錶或眼鏡都驟然身價百倍。買不起波魯協車的人，在虛榮心的驅使下，也會興起買波魯協眼鏡或手錶的慾望。

這種商業技巧，無非是製造人們的錯覺，任何人處於高級的環境中，雖然不清楚內容爲何，但仍會感到商品是高級的。譬如報紙廣告版中，許多默默無聞的商業廣告與一流的企業廣告相雜，人們雖然不明白那些無名企業究竟是好是壞，但因與有名的企業相雜，也令人覺得它是小有名氣的。另外，日本以前的相機業是「巴加琼」獨霸的局面，後來經過一番苦戰，由「佳能」取代其王座最大的理由，無非是因爲佳能的知名度。佳能相機不僅是日本相機的代表產品，在世界高級品牌中也頗

負盛名，正因如此，佳能剛推出時，愛好便宜，輕便的巴加琼相機的顧客，就覺得「佳能不是屬於大衆化的相機」而敬而遠之。

相反的，如果四周都是廉價物品，卽使高級品置於其中也有廉價的感覺，譬如曾經賤價出售過的「黛亞」產品，絕對不是本來就爲廉價品，只是因爲民衆一旦觀念定型後，想再提高格調就難上加難了。

一旦人們印象中的形象固定後，想再更改人們的想法是非常困難的一件事。所以有一部份廠商爲了改變這種現象，常把從前的品牌捨棄而重新製造新的品牌。譬如以前「提克尼克斯」音響剛推出時，鮮少有人知道這是松下的產品。松下電器向以製造家電用品聞名，這次製造音響純屬新的嚐試，若直接以國際牌推出，唯恐砸了自己的招牌，所以松下電器並不全以國際牌出擊，換個名稱也可考驗一下商品本身的優越性如何。

✳產品滯銷時，不妨換個商標試試看。

62

若有相當的理由，廉價品也會讓人覺得是高級品

最近日本西武百貨很流行一種「無牌良品」的專櫃，業績竟突破數百萬，頗令人驚訝。這些商品都以廉價出售，廉價的原因都明白標示於外，譬如打過折的草菇，外面貼上醒目的招牌：「形狀可能有些變形，但品質保証不變，可謂價廉物美。」廠商大大方方地寫出理由，並降價出售，頗得顧客信任。

一般商品都不輕易打折，而且儘量選購精品出售。這種「無牌良品」之所以盛行的原因，是因爲廠商明白標示商品廉價出售的原因，消費者心中自然較爲安心，知道商品便宜的理由後，就不會胡亂猜疑了。

另外，美國有名的出租汽車艾比斯公司，爲了達到居於業界首位的目標，特別設計了一套新戰略。普通一般公司都會自稱是首屈一指的優良公司，但艾比斯卻一反常態，公開宣稱：「我們公司尙居於次位。」而後再強調：「因此，我們願提供第一流的服務。」這個戰略得到空前的勝利，使業績直線上升。他們之所以能夠成

功，就在於打著「第一流服務」的旗幟，換句話說，自己先承認是第二流的公司，但卻強調服務是一流的，自然對顧客產生信服力。這種心態與前面廉價草菇的情形是完全相同的。

簡單地說，如果商品降價有相當理由的話，人們就會很放心地購買。我在三十多年以前就擁有私家轎車，當時我還是一個少不更事、驕傲自大的年輕人，開的是美製進口轎車，可是當時美製汽車實在貴得驚人，我買不起全新的，只好屈就於中古車。

雖仍是美製轎車，但因爲是中古車，心理上總覺不太舒服。不過後來我也想通了，我對自己說：「就算買了新車，開了一次也變成中古車。也許別人會覺得我這輛是新車也不一定。」「別人已替我開了一陣子，車子就不會那麼難開了。」如此一想，心中頓覺舒坦許多，也不再覺得低人一等了。

＊雖然貨品沒有瑕疵，但公開承認是瑕疵品的話反而易取得顧客信任。

63

人們多欲藉金錢來解除自卑感

我每次出國旅行時看到的旅遊手册，上面必定寫著「在歐美如果不準備買東西的話，進入店內，最好對店員說：『只是看看』比較好。」事先聲明「只是看看」，店員就不會再糾纏不休，的確是一道妙計。可是對保守的日本人來說，要說出「只是看看」是需要何等的勇氣啊！

平常我們逛街進入商店內，如果什麼都不買的話，總覺得有點對不起店員。就算有意要買東西，可是最後仍是兩手空空地走出店外，就覺得好像做了什麼見不得人的事一樣，恨不得立刻逃離現場。

通常在選擇東西時，店員若在一旁喋喋不休，任何人都會起反感，這正是自卑感作祟。進入店內，似乎非得買東西不可，所以如果店員問你：「您要買些什麼？」「這個好嗎？」彷彿針對自己的自卑感而來，人們往往感到極度不悅，甚至回他一句：「買不買是我的自由。」然後氣沖沖地走出店外。

所以人們對「只是看看」這句話便有強烈的反感，同時爲了消除自卑感，一定要買些東西才願走出店外。譬如到照相器材店，一定會買個濾紙或底片才出來，我每次到百貨公司閒逛，卽使沒有特別的目的，也會買條領帶或高爾夫球等，就是爲了消除空手而出的自卑感。

東京有一家高級飾品店，就非常懂得顧客的心理。在進門處放置一些價値一、二百元的小飾物，使剛進門的顧客非常驚訝，竟然能找到如此價廉物美的東西，於是那些小飾物經常銷售一空。

店員們常說：「下雨天就要碰運氣了。」天氣不好，人們都不願在街上流連而想早點回家，此時店員們就得善用自卑感的心理。對於沒有購物意願的顧客，店員們必須殷勤招待，不時詢問他，使顧客有「如果什麼都不買，就對不起店員」的感覺，而盡可能買點東西。當然，未必店員一來，你就必須買東西不可，這完全是因爲人類的感情太脆弱了。

※對於沒有購買意願的顧客，不妨採取緊迫盯人政策。

64

商品包裝的好壞往往比商品本身更重要

人們在購買東西時，往往不以商品本身，而以商品的包裝來判斷東西的好壞。雖是同樣品質、同樣價格的東西；一個用塑膠帶包著，一個用百貨公司的包裝紙包著，人們就會覺得後者的品質、價格都高於前者。

商品中，尤以藥品與化粧品的包裝特別重要，因爲它們的原價與製品價格相差甚多。其它項目的商品，似乎也有不訂高價賣不出去的傾向。因此，藥品或化粧品都一再強調成份高級、品質純良。因爲消費者不可能一看到藥品或化粧品的成品，就能夠分辨出優劣，所以包裝的好壞異常重要，往往能發揮很大的效果。

尤其女性化粧品，包裝的功用尤其不容忽視。同樣品質的護手膏，如果放在簡單的容器內，必定比不上放在特別設計的容器中那樣受到歡迎。不只是容器，成品暢銷與否，尚和製造廠商的名氣有密不可分的關係。

此外，曾風行一時的高級拉麵，也是拜包裝之賜才有那麼好的業績。所謂的高級拉麵並非與普通拉麵的口味或營養有所不同，可是一旦改變了包裝材料，驟然就顯得高級許多，使消費者一時趨之若鶩而爭相購買。

當然像這種包裝戰略，也有不少人反對。根據某項調查，讓消費者同時看一項包裝精美的商品，約有百分之八十的人認爲包裝上花費太多金錢是一種浪費。可是如果把這項產品與一項同樣內容但包裝較爲粗糙的商品比較起來，大家又一致認爲前項產品看起來較有價値感，由此可知，人們還是無法逃脫包裝的誘惑。

※要使便宜的酒看起來更香，不妨裝入高級洋酒瓶中。

65

買高級品的原因不在於品質好而是價格高的關係

消費者團體反對化粧品價格過高由來已久，於是某大化粧品公司以家庭主婦爲對象，推出低價化粧品。當然，這些化粧品的品質不需懷疑，而且在宣傳上也一再強調這點，但這些化粧品依然面臨了滯銷的厄運。

可是同樣質料的化粧品一旦改變了設計包裝，定價也提高許多，業績立刻驟然上升，可見原本嫌化粧品太貴的家庭主婦，根本對廉價化粧品不屑一顧。

不僅化粧品如此，其它像珠寶，流行衣飾，不論品質多好，若以低價出售，同樣不能引起消費者的興趣。上述物品，就實用價値而言，可說幾近於零，可是一旦價格提高，就能增加許多心理價値。此點若以洗衣粉或化粧紙來比較的話就大不相同了。

對消費者而言，買了高價的商品，就有「我現在使用高級品了」「我的身份提高了」的滿足感，這點是很重要的。平常頗受年輕女孩歡迎的流行運動品，到了大減價時，經常是門可羅雀，乏人問津。

這種心理價値感的作用，常常可以左右人類的感覺。我有一個朋友很喜歡擺濶，他每次都把便宜的酒裝在高級的蘇格蘭威士忌瓶中大宴賓客。客人也都稱讚說：「不愧是三十年的陳年好酒，味香質醇。」沒有一個人識破這個騙局。又如以前「約翰走路」黑牌是很名貴的高級洋酒，許多人都作爲身份地位的象徵。但是最近價錢比較便宜，就有人反應說：「不像以前那麼好喝了。」

簡言之，一般人都希望好的東西價格降低一點，可是另一方面又覺得價格高的才是好東西，仔細思考起來，價格高一定是好東西的這種想法，未免太過武斷，可是人們卻無法避免此種思考模式，常不分好壞就掏空錢包大肆搶購了。

＊生活必需品以外的東西，若稍稍提高價格將可促銷產品。

66

大家都買了的東西，不買的話好像損失了什麼似地，所以也一窩蜂地購買

以前大阪街道曾發生一樁民衆搶走一卡車蘋果的事件：當這輛載滿蘋果的卡車準備開走時，有一、二個人拿了一些蘋果，沒想到，附近的人群立刻爭先恐後地搶蘋果，沒一會兒時間，一卡車的蘋果就空空如也了。

無論是最先拿蘋果的人，或後來搶蘋果的人，可能都不知道這蘋果是要賣的，而不是免費贈送的。關於此事，有些人的評論是：「如果說那些蘋果是免費的話，那麼由群衆搶奪蘋果的行爲來看，就可知道大阪人是非常計較金錢的。」我卻不以爲然，我認爲大家不是因爲免費才爭著要，而是因爲「大家都有，我也想要」的心理使然。

這種心理不限於免費的東西，連花錢的東西也是一樣。最顯而易見的例子是百貨公司大拍賣時，有些冷門的商品卻聚集了許多顧客在搶購，一般家庭主婦看到這種情形，常常不自主地上前湊熱鬧。這種看到很多人做同樣的事情，自己也會想參

與的心理，稱之為「同調行動」。

由於同調行動心理的趨使，人們常有亂花錢的衝動。一看到黑壓壓的人群在搶購同一種東西，忍不住心裡會想：「大家都搶著買，一定是好東西，我可以放心了。」並且認為「現在不買，等會兒就賣光了。」於是也跟著一窩蜂搶購。買回來後才發現品質低劣，卻後悔莫及了。此種現象，並非自我意識的行動，而是受他人影響才採取的行動，像上述搶蘋果的例子就是典型的代表。此外，常常在路邊看到一些攤位擠滿了一大群人，其中多半是老板自己僱的職業顧客，這就是利用群衆心理煽動購買慾，此種技巧往往也能收到宏效。

人們通常對於銷路不好的商品都不感興趣，反之若暢銷的東西，就覺得一定是好東西，熟知股票投資的人就說過，買股票致富其實很簡單，只要在底價時購買，等它上漲卽可。這個技巧，任何股票書籍或專家都不厭其煩的一再重複，實際又如何呢？只標底價時，誰都不買，自己也很難拿出勇氣購買，大多數的人都在接近上漲極限時才購買，結果當然不會賺錢。這也是同調心理的另一印證。

※卽使是小攤位，有否設置職業客人也佔重要因素。

67

愈是稀有之物，人們愈有興趣

我每次出國旅行一趟，回來之後，都要爲成堆送不出去的土產、禮物而苦惱，雖然我也一再提醒自己不要買太多無用的東西，可是一到外國的商店，就忍不住要多買一點。每次我都想：「現在不買的話，以後就沒機會了。」所以不知不覺地又付了錢。

這種現象如果眞的要比喻的話，可說是「限定效果」的關係。換句話說，如果物品到處可見，又隨時可以買到的話，就無法引起顧客的購買慾。反之，若物品稀有而不易買到，那無論如何也要想辦法購買。在國外觀光常常買了過多的土產，就是這種「除了這裡，別的地方買不到」的觀念作祟，所以才大肆採購。

常常聽到收音機有類似下列的廣告—先介紹商品特徵，而後附加一句：「本商品只預約到本日下午四點止。」即使那件商品並不是十分需要，可是因爲限定時間，人們心中就會想：「如果四點以前不打電話預約，那件商品就永遠買不到了。」因而引起了購買的慾望。

還有一件事是我經常提到的，以前我到三宅島參加一個會議，當地海港內賣有許多新鮮的鰹魚，價錢也很便宜，主辦者買了一些，準備分給參加開會的人士。回船後，主辦者廣播說：「這裡有很便宜的鰹魚，希望參加者都能前來採購，價錢一定比外面便宜。」可是竟然沒有一人前往，以致主辦者爲特別購買的鰹魚賣不出去而感到十分困擾，我實在看不過去，因此自告奮勇的拿起麥克風說：「這些價廉物美的鰹魚數量不多，現在只剩一點點，如果立刻前來，還可以買到。」話剛說完，人群頓時蜂湧而至，不一會兒的工夫便完全售完。

我曾聽一位賣和服的老板說，他店裡從年初到年中都一直打折，可是卻門可羅雀。這是因爲他打折時間太久，客人反而沒有新鮮感，引不起購買慾。

若加上「只有這些」「只有今天」的限定條件，價値判斷與金錢感覺往往會有所改變。商人就可以利用此種心理弱點，玩出許多花招。例如服飾公司的倉庫內明明還有堆積如山的毛衣，可是店面卻故意只擺幾件；等賣完了再補貨，這也是最基本的銷售戰術。

※店面擺設的商品，最好少擺幾件可提高購買慾。

68 店內擺有甚爲廉價的商品，會使顧客產生錯覺，以爲其他商品也很便宜

故松戸市長松本清先生，是首先創辦「馬上辦中心」的發起人，對於他獨到的想像力衆人都推崇備至。松本先生原本是擁有數家連鎖商店的藥店老板，而且有「創意老板」之美稱。

當時他店中六十元的特價品才賣二十元。這種推銷持續了好幾天，每天都是人潮洶湧。可是因爲物品已賠錢在賣，所以賣得越多，虧損越大。然而商店的經營狀況非但不是赤字，還大有盈餘。因爲前來買特價品的客人，還會順便買些藥品或其它東西，而這些利潤就能彌補特價品的虧損，甚至還有盈餘。

松本先生成功的秘訣，就在於熟知客人「佔便宜」的心理。人類的慾望是無止境的，如果買了特價品，必聯想：「這個如此便宜，別的東西一定也很便宜。」心中的慾望便會催促自己再買其他東西，不知不覺中，即使不想買的也買了下來。

目前，超級市場或百貨公司幾乎每天都有特價品出售，如「每日一物」專櫃等

，就是利用這種心理。似乎沒有人只買了特價品而不瀏覽一下其它商品的。所以百貨公司在換季大減價時，一定會準備特價品，就是希望顧客誤認爲其它商品和特價品一樣也很便宜而放心地選購。因此百貨公司內銷售不甚順利的高價商品，像毛皮大衣等，大減價時就打了折扣，並且和特價品排在一起，主要目的就是在使顧客認爲「這東西好便宜。」而留下深刻的印象。

根據某婦女雜誌調查，百貨公司和附近一般商店的商品標價比較起來，一般商店比百貨公司便宜的例子實在是少之又少。事實上，冷靜地分析一下，並不是百貨公司的價格眞的比較便宜，而是認爲百貨公司較便宜的人們，大都覺得在百貨公司可以買到較不易買到的貨品，相形之下，就誤以爲百貨公司賣得比較便宜，而高高興興地付了錢，帶著滿足愉悅的神情走出店外。

＊推出「特價專櫃」，可使其它商品顯得更便宜。

69

雖是同樣的商品，與其降價三百元不如贈送三百元的贈品較能吸引顧客

最近在一片換季聲中，西裝業打出的口號是做一套西裝送一條長褲。實際上，一件上衣沒有必要搭配好幾件長褲，可是聽到這個消息的人們都會想：「另外一件可以當備用的啊！」而興起購買慾。此外還有一個類似的例子，買一瓶威士忌，送一個玻璃杯、盤子或迷你瓶。相信許多買威士忌的人，都是衝著贈品才付錢的。

這種商業上的技巧之所以一直歷久不衰，就是因爲效果始終很好。照道理說，人們對便宜的東西都比較有興趣，可是今日的消費者已習慣打折或大減價的伎倆，所以與其價格直接降低，不如送點贈品來得有新鮮感！

如果一件價值一千塊的商品，賣方降價三百元，以七百元賣出，顧客會覺得自己倒賺了三百元嗎？答案是否定的。顧客只會認爲一千塊的東西賣七佰元，可見它本來的價值也只有七佰元，而腦海一直留著商品價格是七佰元的印象。

相反的，如果一千元的商品附贈三百元的贈品，顧客將認爲自己買了一千三百

元的商品，換句話說，心理的滿足感要比降價高出許多。

另外講價也有「意外之財」的感覺，而且因爲這是憑自己的力量獲得的好處，所以格外感到滿足。贈送的技巧只要稍微變化一下，就能使客人感到高興。花錢去買贈送的迷你瓶或設計精巧的器皿，可能沒有人會做這種傻事，可是如果是附送的話，相信絕沒有人拒絕。以前有一家廠商附贈的是一個非常漂亮的玻璃杯，竟有不少年輕人爲了收集這種玻璃杯，寧願花錢去買成品，可見贈品的力量是不容忽視的。

※商品滯銷時，與其降價不如附贈物品較有效果。

70 人類在急欲解脫精神壓力的因素下，往往會任意花錢

最近男用假髮，突然銷路大增。我很幸運地還不到齒危髮禿的程度，任何人一旦頭髮開始脫落，就會感到人生已近黃昏了，當然年輕人當中也有早熟的，但是感受到這種歲月壓力的還是以上了年紀者居多。

不管任何人，或多或少都會存有一些自卑感，爲了解除這層障礙，經常地任意揮霍，而且自卑感與自我中心越接近，花的錢就越多。當然，所謂的自卑感是非常主觀的東西，所以解除的方法因人不同。例如花錢添裝的人與花錢購屋的人在意識上有所差別，所以花錢的對象也不盡相同。但不管怎樣，紓解自卑的方法總是要付出很大的代價。

商業秘訣中也有不少是利用這種心理。像酒場或賭場的服務生就特別擅於觀察客人。若是看起來其貌不揚或惡行惡狀的人，往往比較容易成爲常客，若是英俊瀟灑，到任何地方都有美女圍繞的人，一定不捨得花很多錢，因爲他卽使不拿出大把

鈔票，也有女性主動接近他，這種人就不易成爲常客。還有一些不擅辭令的客人，爲了能引起小姐注意，卽使花再多錢也在所不惜，這種人也容易成爲常客，而且不易再轉到別的店中。所以一般眞正高竿的服務生，對其貌不揚的客人反而殷勤招待，就是知道他們自卑的心理。因爲沒有自信的人，往往會不惜花費鉅資來彌補內心的空虛。

還有一些特大號服飾專賣店，往往在店前展示一些很難賣掉的超大型服飾，如此一來，多數客人看見之後，卽忖想「自己還不算太胖」於是安心地購買高價洋裝。

不管多貴的物品，若覺得可以解除心中自卑感，也不覺得貴了。商界就常利用這種人性的弱點圖利，您是否也曾有過這種經驗呢？

＊對其貌不揚的人多殷勤招待，容易成為常客。

71

雖明知是商場上的客套話，還是很難拒絕店員的遊說

每次去餐廳小酌，明明不想用餐，最後還是忍不住叫了。前幾天我和朋友約好去吃牛排，對店中那位侍者的技巧，眞是佩服得五體投地。

首先我們對他說：「請來二客牛排。」他指著上好的牛排說：「牛排肉有很多種，這種肉又軟又韌最好吃。」這時我和我的朋友都沒有勇氣說：「不用了，便宜一點的就夠了。」

於是就這樣被「半強迫」地點了最貴的牛排，後來侍者又問「要來點湯嗎？本店有最拿手的料理喔！」等我們點了湯以後，他又問：「來點沙拉怎樣？吃牛排時比較開胃。」

就是如此，本來只預定吃牛排，不知不覺中就吃了許多原本不想叫的東西。

如果有人建議你買東西時，雖不是請求你，但總很難拒絕。因爲心中會想到如果拒絕的話，對方將以爲自己吝嗇而不悅，這種不安感就是難以拒絕的原因。同時

，一般常情來看，「YES」總是比「NO」較易說出口，精神上也感到比較輕鬆。尤其在某些場合，異性與同性之間也有頗大差異，一般男士都不喜歡使自己的女友感到寒酸，所以當服務生建議點菜時，便跟著不停地點菜，以滿足虛榮心。

即使是男性結伴前來也是一樣，如果對方是一位漂亮的女服務生，就不好意思點太少的菜。雖然明明知道對方是餐廳裡面的人，可是男士就不願在異性面前丟臉，總是打腫臉充胖子故意點很貴的菜。

人們一旦虛榮心作祟，平常不輕易花費的金錢也會毫不考慮地亂花。一般人都認爲商店內多請一些漂亮的小姐，較能吸引男性顧客，這種觀念並不一定正確。像某家麵店，櫃台旁邊坐著的是妖豔動人的老板娘，爲了避免麻煩，許多客人都不敢上門，以致用餐時間也門可羅雀。

※帶著女性的男伴，較易被慫恿買高價物品。

72

人們常爲滿足眼前的慾望而不吝花費鉅資

據說家庭主婦最討厭做的家事就是洗碗。的確，酒足飯飽之後，正是輕輕鬆鬆休息的時候，卻看見堆積如山、汚濁的餐具，任何人都會覺得厭煩。所以最近很多家庭主婦都到餐廳買現成的菜，或是煮飯時少煮幾樣，可能就是爲了少洗一點碗盤吧！

家庭主婦們討厭洗碗已是不爭的事實，但可減輕主婦們這種煩惱的自動洗碗機，爲什麼一直銷路不振呢？

以前，某家廠商推出自動洗碗機的時候，曾以主婦爲對象進行一項調查。調查的問題是：「自動洗碗機和電子烤爐，妳會考慮買哪一項？」廠商認爲，電子烤爐對時間不多的職業婦女可能比較有用，可是一般在家庭內的主婦未必需要。照理說應該是自動洗碗機較受歡迎才對。可是結果竟出乎意料，大多數的家庭主婦對洗碗機都沒什麼興趣，最後廠商只好停止銷售洗碗機。

為什麼會有這種結果產生呢?因為電子烤爐是新產品,可能家庭主婦比較有新鮮感吧!換句話說,在未來的家庭生活中,或在自己的夢想中,新產品可能將成為一種必需品,而洗碗機或許可暫時解決部份不便,但卻無法使自己有一種實現夢想的感覺,而且就算是買了洗碗機,也不覺得生活驟然變得美麗起來。

這時候,雖然是同樣的金額,與其解除眼前不便,不如先滿足自己的夢想。當然,如果眼前不便已經到了無法忍受又另當別論,否則一般人都會稍緩眼前的事。

譬如有些年輕人住在不附澡房的公寓,卻寧可買輛車子,開著去澡堂洗澡。如果是我的話,一定無法忍受沒有澡房的不便,而把買車子的錢用來租一間有澡房的公寓。可是對那些年輕人而言,有車的興奮遠超過沒有澡房的不便,所以寧可捨近求遠。

從當事人的心理價值來判斷,也許他們覺得房間沒有澡房也是無可厚非的事,所以寧可開輛跑車,得意揚揚地去澡堂洗澡。

*銷售商品時,與其強調其便利性,不如強調便利所產生的效果較好。

73

女性喜歡搶購的原因是覺得買了便宜貨感到滿足之故

一般而言，男性對購物似乎沒多大興趣，而家庭主婦或年輕的職業婦女卻樂此不疲。買東西對女性而言，似乎是一項頗爲熱衷的行動。女性通常都喜歡對別的女性品頭論足，看到別人穿的衣服、鞋子、隨身小飾物，只瀏覽一下便開始私下估計商品的價値。有時候，還會半讚美半試探地詢問對方：「是在哪裡買的啊？」「多少錢買的啊？」提出一連串與商品有關的問題，這些卻是一般男性從來沒有想過的問題。此外更令人驚訝的是，女性對廉價品或特價品簡直像著魔似地熱愛，不僅自己買了就沾沾自喜，看到別人買了還會暗中嫉妒。

雖然男性偶而買了便宜貨也會覺得挺得意的，可是如果眞正問他爲何買便宜貨，又貨品爲什麼會比較便宜時，往往答不出所以然，而且覺得自己如此沾沾自喜是很愚昧的事。然而女性的情形就截然不同，對女性而言，問題卻是「買了便宜貨這件事」其中差異不可謂不大。

百貨公司的折扣戰剛開始上場，女性就趨之若鶩地大肆搶購。冷靜地分析一下，女性花費車錢、寶貴的時間，買了許多廉價品這件事，究竟是否値得？確實是令人懷疑。可是男性的這種理論在女性而言似乎不成立，因爲女性根本不把得失視爲一種問題。

心理上有所謂「competents motivation」的專門用語，譬如小孩子總喜歡把桶子當作棒子一般向一旁推動，而感到快樂。他這種行爲並不是想獲得任何人讚美，或想激怒任何人，完全是一種確認自己能力的行爲，以行爲本體爲樂，能充分得到滿足感的一種心理狀態。女性熱衷廉價品的行爲，也與此類似。

因此對女性而言，能買到廉價品的主婦就覺得自己經濟觀念很好，購物方面也有二把刷子，能肯定自我的能力。由於自己的購物手腕、鑑賞能力獲得肯定，所以感到沾沾自喜，而得到極大的滿足感。因此到處可以看到買到便宜貨的家庭主婦與街坊鄰居喋喋不休地討論戰況，又互相誇耀的情形，正是基於這種心理。

※稱讚女性顧客「很會買東西」將使之心花怒放。

第五章 賭博・儲蓄心理學

——爲什麼連輸好幾場仍不肯結束賭戰——

74

小富翁所以容易被詐欺，乃因小失大之故

報紙上經常可以看見許多詐欺事件，有的利用「副業兼職」爲餌，誘使家庭主婦拿出金錢，有的利用「利潤優厚的投資」爲藉口，騙取退休人員拿出退休金。這些被害者中，不乏是小有積蓄的小富婆，或擁有一筆可觀退休金的單身漢，換句話說，大部份都堪稱是小富翁的人們。

當然，如果是一貧如洗的窮光蛋，自然不可能與詐欺扯上關係。至於家財萬貫的大富翁，因擁有許多本錢，可任其從事大筆投資，所以不容易聽信讒言，隨便傾囊而出。相反的，小有積蓄的人就是江湖騙士的絕好目標，因爲他們極易聽信花言巧語而受騙上當。

爲什麼呢？一般所謂的小富翁，大部份的生活水準並不到奢侈的程度，平常所花費的金錢也相當有限，從來不曾動用數十萬以上的金錢。可是投資時的數字，與日常金錢的單位可說大相逕庭，因此平常尚能以理性處理財物的人，面對如此龐大

的數目時，往往易失去理性，判斷力也較薄弱。正因如此，對甜言蜜語也特別容易上當。

江湖騙子最常利用的伎倆，就是要小有積蓄的人投資興建高爾夫球場。事實上，一個人僅出資五、六十萬是不可能建立高爾夫球場的，卽使建好了，會員多如過江之鯽，會員權形同虛設，也是絲毫沒有任何利益可言。我個人也曾受騙，當我知道自己上當時，才發現與我一樣的受害者竟不在少數。後來又有人把其經驗談公諸於世。其中不乏有課長級以上的企業人士。照理說，他們均是社會常識豐富，又有判斷力的社會人士，爲什麼會只聽一番讒言，看一些簡介，就拿出五、六十萬來，實在是因爲金錢判斷力薄弱。

當然也有許多高爾夫球場詐欺事件並不如想像中嚴重，但是也有許多詐欺事件演變爲社會性的悲劇。並不是因爲他們一拿出錢，就無法度日，而是許多家庭主婦把自己所有的私房錢都拿出來投資，還有一些單身漢也把下半輩子的老本傾囊而出，一旦發現被騙自然無法承受這種打擊，因而演出不可收拾的悲劇。

※推銷高級品時，與其以大富翁為目標，不如找小富翁較好。

75 即使是半信半疑，只要是有關致富的甜言蜜語，總是抱著姑且一試的心理去嚐試

雖說算命有準與不準，但仍有許多人樂此不疲。當然其中也有不少是抱著好玩的心理湊湊熱鬧，可是我相信也有不少人是眞正遇到困難無法解決，而藉助算命指點迷津。如果相士指點出一條生路，善男信女必定言聽計從，不敢稍有違拗。可是如果相士說到不好的方面時，以我一個旁觀者看來，那些話不一定很準，但前去算命的人並不十分在意這些，仍然滿足地回家了。

去算命的人，預先在毫無任何準備的意識下，聽算命的人剖析自我的命運，必是在有所期待下才前去算命的。換句話說，相士所說的話中，若有與自己期待相合之處，便深信不移，如果說到壞的部份，心理上就有預先排斥的心理，所以並沒有眞正聽進去。一般人類正常的心理構造，若心中有任何強烈慾望時，就只接受與此欲求相合的情報，其它一概充耳不聞。

這種人類的弱點，與金錢有所牽扯的話，更顯得格外脆弱。世所周知的老鼠會

，爲人垢病由來已久，可是只要換個形式或換樣商品，被害者依然不計其數。如大家所知，老鼠會的組織猶如金字塔般，只要你拉到相當的會員，會費就可免繳而成爲永久會員。可是冷靜地思考一下，便可發現不可能永遠都有會員加入。有人計算過，只要一個禮拜拉五個會員，不到一年的時間，地球上所有的人類都成爲會員。如果每個人都能這樣計算的話，便能杜絕這種非法組織。可是事實上，老鼠會的人員依舊花言巧語地請君入甕，愚昧的人們也依然重蹈覆轍。

但是我相信即使眞正與會的人士，心理上仍是半信半疑。再美麗的謊言也有漏洞，任何人都明白這點。可是參加的人心理都想拉了五個會員，即使不能賺大錢，實際上也沒什麼損失，總是先給自己一個合理的解釋，然後在半信半疑下姑且一試。人都有發財的美夢，所以對於否定發財的一切不好消息都一律排斥，心中只接受好的建議，這與算命者的心態是完全相同的。

＊對於甜言蜜語最好三思而行。

76

身陷賭局無法自拔的人，乃是因有輸有贏的誘惑

只要曾經在賭場中嚐過一次甜頭的人，似乎很難徹底脫離這個圈子，事實上即使因賭博而致身敗名裂的人，也很難自拔。例如丈夫把本來應交給妻子的生活費，全部花在麻將桌上，也有人借支薪水購買馬券，社會上有太多家庭悲劇都源於一個賭字。

只要涉及的話就萬劫不復，遠離就能得救，這淺顯的道理連小學生都懂得，可是賭徒偏偏就無法自拔。對賭徒而言，賭博就像吃了迷幻藥一樣很容易上癮，一上癮就再也不能跳出火坑了。

學習心理上有所謂「間欠強化」的專門術語。也就是「對於正確的反應給予適當的報酬，待學習了正確的反應後，便停止報酬，而反應卻仍持續不止」的有名實驗。這個實驗先是準備二個箱子，一個箱子只要一按桿把，就自動有餌掉出，另一個按了桿把，卻百分之九十沒有餌掉出，然後放入飢餓的老鼠，觀察牠的反應。

實驗結果，屬於「百分之百強化型」的老鼠，也就是在一按桿把就有餌掉出的箱子內的老鼠，很快就學會按桿把，如果餌不出來的話，就停止按桿把。相對地，在另外一個箱子的老鼠，卽屬於「間欠強化型」的老鼠，雖沒有餌掉出，卻仍然不死心地繼續按桿把。

賽馬、麻將，任何賭博都與這種實驗相同。換句話說，以賭錢來比喩的話，有輸也有贏，正因爲有贏——在間欠強化的反應下就無法停止此種行爲。這就是賭博的魔力所在。

由於事先不知道是輸是贏，爲了獲勝，就必須再賭下去。雖然再賭不一定會「輸」，但也並非絕對會贏。老鼠事先也不知道餌會不會掉下來，但知道如果不按桿把的話，餌一定無法吃到。賭博也是一直在如此未卜輸贏的情況下不停地持續下去。

如果賭博一開始就連輸不已的話，或許想抽身的人也不至於躊躇不前，難以戒賭了。

※想戒賭的人，不妨一次輸到底試試看。

①雖然整體看來還是賠了本，可是只要有一次勝利就覺得很得意。

②因為有輸有贏，所以常常以「只此一次」為藉口而不能自拔。

③一旦所剩無幾時，往往失去了冷靜的判斷力。

④心想「總不會那麼倒楣吧！」抱著樂觀的希望。

77 決定勝負時，往往會想「只剩三千塊了，非贏不可」而失去正確的判斷力

每回最後一次賽馬結束後，常常有人連回家的車費也賭個精光，最後只好徒步回家。一般正常人的想法必認為不管賭得多凶，至少也要留下回家的車費才對。這些人都是不了解賭徒的心理才會如此想。一旦賭上癮，任何人都會無法控制自己，而有脫離常軌的行為出現。

不只是賽馬者，任何曾經涉及過賭博的人都有如此體驗：越是錢快用光時，越容易輸。當賭資卽將用罄時，心中就會想：「只剩這些了，這次絕不能輸。」因此心情就顯得非常急躁。任何人如果連輸幾場的話，不滿的情緒立卽逐漸高漲而易激動，甚至失去理性，判斷力因而降低，自然無法穩操勝算了。

象棋高手木村先生，非常擅長利用此種心理戰術來扭轉劣勢，化險為夷。木村先生在下棋時，如果發現情勢對自己不利，中途就會故意小聲地自言自語說：「完了，完了！」對方聽到以後，心中隨卽暗想：「這次我大概贏定了。」正當他得意

的同時，也失去了正常的判斷力。木村先生就是利用這種方法搞亂對方情緒，使對方出手不當而致失敗。

我對麻將也非常有興趣，可是如果太感情用事的話，就會導致全盤皆輸。打麻將必須高瞻遠矚，不能短視近利。爲了獲得最後的勝利，必須考慮全體的局面，不能只顧求利，有時也必須讓自己小輸一下。如果只一味執著於勝利，反而會因小失大，這在心理學而言，是陷入一種視野狹窄的狀況，一旦陷入此種深淵，便會一再告訴自己「無論如何，這盤一定要贏」，越拘泥於現狀，越不能自拔，最後終於輸得一毛不剩。

＊等到囊空如洗時，就不難戒賭了。

78 只要有一點利益，就會忘記過去的損失

賽車賽馬的比賽當天，只要是前往會場的巴士、火車沒有不大爆滿的。數天前，我也去湊了熱鬧，在車上聽見幾位頗好此道的同志正在一起聊天。他們都在訴說自己中頭彩的得意情形。看樣子，他們是此中常客，一定有一、二次這種經驗，而且聽他們所說的內容，不像是胡謅，可能眞的是有過中大獎的經驗，才如此得意吧！雖說如此，卻不能斷定他們一定贏了很多錢。他們雖然賠的比贏的多，可是爲什麼還一直像中了頭彩時那般高興呢？

美國曾經有一次舉行調查，要人們寫出小時候最難忘的事。一般人都會提到小時候和家人去參加園遊會，或運動會得到第一名等等快樂的回憶。我相信不管童年多幸福的人，也不可能一直都無憂無慮。有時被父母責罵了，跌倒弄傷了，還有不好意思說出口的失敗等等一定發生過。可是爲什麼這些不愉快的記憶都不鮮明，人類在無意識中總是選擇快樂的回憶呢？

這種心理作用，可說是人類自然的自我回復作業。如果一直沉浸在不愉快的回憶中，無形中這種自我壓力就引燃起不愉快的情緒，所以經常不自覺地適度調節此種不平衡的情緒，以忘記不愉快的記憶。另一方面，對於快樂的回憶，即能記憶深刻而感到高興了。

賽車賽馬中過頭彩者的心理亦是如此。當賽馬賽車中獎時，在想像中，彷彿自己已成腰纏萬貫的大富翁，以前輸的情形，全拋到九霄雲外。所以中過獎的人，一般都會忘記以前連輸好幾場的慘況。譬如一次贏了十萬塊，但以前曾有十次，每次都輸一萬塊的記錄，在整體得失來講，結果是不增不減。然而在他們心中，卻不做如是想，由於一次中十萬的喜悅已足以使他們忘懷以往的損失，所以心中總有贏了很多錢的感覺。

✳賭徒自稱自己「贏錢」的時候，只可信其半。

79

買獎券並沒想到中大獎的人，萬一中獎時往往不知所措

以前曾發生過一起中了第一特獎的人，在衆目睽睽之下把獎券撕破丟掉的事件。可能很多人看到這個消息，都會發出嘆息之聲。因爲把中了特獎的獎券撕掉，並不是常人之舉。但我相信此人必不是精神異常所致，也許是受不了周圍人的嫉妒、諷刺，憤而撕毀獎券，以做無言的抗議。

但抗議是一回事，最主要還是當事人對中獎這件事，絲毫沒有心理準備之故。因爲從來沒想過會中獎，一旦中獎之後，精神起伏非常劇烈，在一種極限狀況的逼迫之下就會採取反抗的行動。

最近研究獎券形成一股風潮，竟像股票和公債一樣，也有多人合夥投資的情形。如果同事幾個一起出錢買獎券，中的機率當然比較大，可是任何一人在心中還是沒有中獎的把握。大多數的人都是在不中獎的前提下購買獎券的。換句話說，心中會想「卽使買了獎券，大概也不會中吧！」在如此現實感的心態下，又抱有「如果

中的話那該多好啊！」的「夢想」之下才買獎劵的。

從領獎的情形就可証明這種心態。中獎的人不去領獎的似乎絕無僅有，但中了第一特獎的人卻很少露面過。銀行也常常積壓著數千萬的獎金無人領取。假設買獎劵的人是在被逼得走投無路下才想買獎劵解圍的話，絕不會不注意開獎結果。可是如果買獎劵的人是抱著好玩、碰碰運氣的心理，則不一定會很注意開獎日期，也許買完就忘了。

根據某項調查，買獎劵的人大部份以中年男子爲主。家庭主婦和年輕人幾乎不曾購買。原因是年輕人有自己的夢想與生活，並未考慮過中獎的樂趣。而家庭主婦要她們拿出錢來買獎劵，毋寧到超級市場買特價品的肉類較實際。所以唯有中年男子，雖明知中獎機率微乎其微，仍抱著一線希望，購買獎劵賭一賭運氣了。

＊買獎劵毋寧説是滿足自己的夢想。

80

對於不明究竟的事情，即使有生命危險，也想趨身向前探個究竟

前幾天我和一位朋友在街上散步，看到路旁黑壓壓的擠了一大群人，我倆因好奇心的趨使也擠身向前探個究竟，但是人太多了，站在人群後面什麼也看不到，更使我們想上前看個明白。於是我推開人群擠到前面，原來是電視公司在拍外景。這時，我的朋友覺得有點不好意思，所以很快就離開了。

凡是人類，都會存有「一窺究竟」的心理。對於看不見的東西，總是有股好奇心想弄清楚究竟。美國有一個電視節目就針對此種心理做了一個實驗。主辦單位在面臨道路的一面牆上挖洞，上面貼著「不准窺視」的紙條，然後躲在隱密的地方，偷偷拍攝路人的反應。結果，幾乎每個經過的人都忍不住往洞裡看一看。這就是由於貼了「不准窺視」的字樣，使人們產生圍牆內可能隱藏些什麼的錯覺，任何人都有好奇心，所以情不自禁的想探個究竟。

這種想「一窺究竟」的心理也可應用於商業中。像日本過年時所出售的福袋。

所謂的福袋，是正月間出售的商品，內中也許藏有大獎，但要等買回來打開以後才知道結果。有一陣子，報紙上常看見有人投書抗議說：「我孩子買的福袋，都是人家賣剩的，這種不道德的店家應該有所懲罰才對。」雖然如此，福袋的銷售量依然不曾稍減。一般來說，二、三佰元的福袋，有的竟有好幾仟元的獎金，最近某百貨公司還推出十幾萬的福袋，曾經引起衆人議論，其存廢價值究竟如何。

如果你買回來，一直希望裡面是比售價更有價値的東西，一旦事與願違，不免感到萬分失望。雖然如此，在結果未揭曉前，大家都沒有把握得失，所以卽使知道自己可能是白花錢，還是爭相競購福袋。

福袋這種東西可說完全是應景的東西，並無實用價値。但是只要價錢還不算太貴，打開之後卽使是無用的東西，也很少人去抱怨什麽。這是因爲人們都不願承認自己買的東西是差勁的，更何況由於好奇心的趨使，屢次都犯同樣的錯誤也無話可說。

※欲提高新產品的魅力，最好故弄玄虛，使人不清楚內中商品為何較好。

81

越是經濟窘迫的人，在走投無路時，越抱有樂觀的態度

有致富之神之稱的邱永漢先生，商場上賺錢的一大秘訣就是「見風轉舵」，譬如三年來一直無法拓展的商業，必定是某方面有致命的缺點，爲了扭轉劣勢，就必須將損害先減至最低程度，再把餘力轉向別的商業，所以究竟何時該「見壞就收」是關鍵所在。邱先生一直抱著這樣樂觀的態度，認爲只要多動腦筋，一定可以雨過天晴，這點是許多商場人士都缺乏的遠見。

的確，要做到這步是很困難的一件事。對於資金短缺的人，要他能高瞻遠矚，冷靜分析現況似乎是不可能的事。因爲一旦放手，則所有投資皆付諸流水，自然會執著於所投資的金錢而無法看清現況。而且情勢對自己越是不利，越不肯就此罷手，總是想著「如果就此死心的話，那我投資究竟是爲了什麼呢？還是再忍耐看看吧！」或許不到破產倒閉，永遠都無法覺察自己的錯誤，但爲時已晚。

雜誌的情形也是一樣，對於不能出版三期以上的雜誌，很多人是不考慮投資的

。事實上，越是有規模的出版社，越能及時回頭，趁虧損尚未過鉅時，趕緊轉換方向，企劃新方案。而越是沒遠見的小出版社，越是勉強無限期的出刊，以致最後虧損過鉅，不得不宣佈破產。因爲他們無法透過讀者的反應，做正確的觀測與判斷，往往只憑一位讀者來函鼓勵，就盲目地繼續經營。

其它像賭博也有類似的情形發生。要一位資金不足、精神不濟的賭徒及時撤手是很難的事。譬如投下三佰元的本錢，收回二佰伍拾元的獎品，這種尚有餘力的人，就會認爲再賭下去只是白費金錢，於是到櫃台兌換獎品，再換別台玩。

可是如果是一個沒有多少本錢的人，必定覺得就此撤手太不甘心，也許再多投一點資本的話，即可能撈回一筆也不一定，最少也要撈回本才行。因而一賭再賭，終致不能自拔，如果能及時回頭，也許損失能減至最低程度。若無法見風轉舵，最後損失的不只是區區三佰元，也許傾家蕩產也不一定。

＊賭博時若要不輸太多的話，就不要一直抱著想撈回本的觀念。

大展出版社有限公司　圖書目錄

地址：台北市北投區11204　致遠一路二段12巷1號
電話：(02) 8236031　8236033
郵撥：0166955～1
傳眞：(02) 8272069

・法律專欄連載・電腦編號 58

台大法學院　法律學系／策劃　法律服務社／編著

①別讓您的權利睡著了[1]	200元
②別讓您的權利睡著了[2]	200元

・秘傳占卜系列・電腦編號 14

①手相術	淺野八郎著	150元
②人相術	淺野八郎著	150元
③西洋占星術	淺野八郎著	150元
④中國神奇占卜	淺野八郎著	150元
⑤夢判斷	淺野八郎著	150元
⑥前世、來世占卜	淺野八郎著	150元
⑦法國式血型學	淺野八郎著	150元
⑧靈感、符咒學	淺野八郎著	150元
⑨紙牌占卜學	淺野八郎著	150元
⑩ＥＳＰ超能力占卜	淺野八郎著	150元
⑪猶太數的秘術	淺野八郎著	150元
⑫新心理測驗	淺野八郎著	160元

・趣味心理講座・電腦編號 15

①性格測驗１　探索男與女	淺野八郎著	140元
②性格測驗２　透視人心奧秘	淺野八郎著	140元
③性格測驗３　發現陌生的自己	淺野八郎著	140元
④性格測驗４　發現你的真面目	淺野八郎著	140元
⑤性格測驗５　讓你們吃驚	淺野八郎著	140元
⑥性格測驗６　洞穿心理盲點	淺野八郎著	140元
⑦性格測驗７　探索對方心理	淺野八郎著	140元
⑧性格測驗８　由吃認識自己	淺野八郎著	140元
⑨性格測驗９　戀愛知多少	淺野八郎著	140元

⑩性格測驗10　由裝扮瞭解人心　淺野八郎著　140元
⑪性格測驗11　敲開內心玄機　淺野八郎著　140元
⑫性格測驗12　透視你的未來　淺野八郎著　140元
⑬血型與你的一生　淺野八郎著　140元
⑭趣味推理遊戲　淺野八郎著　160元
⑮行爲語言解析　淺野八郎著　160元

・婦 幼 天 地・電腦編號 16

①八萬人減肥成果　黃靜香譯　180元
②三分鐘減肥體操　楊鴻儒譯　150元
③窈窕淑女美髮秘訣　柯素娥譯　130元
④使妳更迷人　成　玉譯　130元
⑤女性的更年期　官舒妍編譯　160元
⑥胎內育兒法　李玉瓊編譯　150元
⑦早產兒袋鼠式護理　唐岱蘭譯　200元
⑧初次懷孕與生產　婦幼天地編譯組　180元
⑨初次育兒12個月　婦幼天地編譯組　180元
⑩斷乳食與幼兒食　婦幼天地編譯組　180元
⑪培養幼兒能力與性向　婦幼天地編譯組　180元
⑫培養幼兒創造力的玩具與遊戲　婦幼天地編譯組　180元
⑬幼兒的症狀與疾病　婦幼天地編譯組　180元
⑭腿部苗條健美法　婦幼天地編譯組　150元
⑮女性腰痛別忽視　婦幼天地編譯組　150元
⑯舒展身心體操術　李玉瓊編譯　130元
⑰三分鐘臉部體操　趙薇妮著　160元
⑱生動的笑容表情術　趙薇妮著　160元
⑲心曠神怡減肥法　川津祐介著　130元
⑳內衣使妳更美麗　陳玄茹譯　130元
㉑瑜伽美姿美容　黃靜香編著　150元
㉒高雅女性裝扮學　陳珮玲譯　180元
㉓蠶糞肌膚美顏法　坂梨秀子著　160元
㉔認識妳的身體　李玉瓊譯　160元
㉕產後恢復苗條體態　居理安・芙萊喬著　200元
㉖正確護髮美容法　山崎伊久江著　180元
㉗安琪拉美姿養生學　安琪拉蘭斯博瑞著　180元
㉘女體性醫學剖析　增田豐著　220元
㉙懷孕與生產剖析　岡部綾子著　180元
㉚斷奶後的健康育兒　東城百合子著　220元

•青 春 天 地• 電腦編號 17

①A血型與星座	柯素娥編譯	120元
②B血型與星座	柯素娥編譯	120元
③O血型與星座	柯素娥編譯	120元
④AB血型與星座	柯素娥編譯	120元
⑤青春期性教室	呂貴嵐編譯	130元
⑥事半功倍讀書法	王毅希編譯	150元
⑦難解數學破題	宋釗宜編譯	130元
⑧速算解題技巧	宋釗宜編譯	130元
⑨小論文寫作秘訣	林顯茂編譯	120元
⑪中學生野外遊戲	熊谷康編著	120元
⑫恐怖極短篇	柯素娥編譯	130元
⑬恐怖夜話	小毛驢編譯	130元
⑭恐怖幽默短篇	小毛驢編譯	120元
⑮黑色幽默短篇	小毛驢編譯	120元
⑯靈異怪談	小毛驢編譯	130元
⑰錯覺遊戲	小毛驢編譯	130元
⑱整人遊戲	小毛驢編著	150元
⑲有趣的超常識	柯素娥編譯	130元
⑳哦！原來如此	林慶旺編譯	130元
㉑趣味競賽100種	劉名揚編譯	120元
㉒數學謎題入門	宋釗宜編譯	150元
㉓數學謎題解析	宋釗宜編譯	150元
㉔透視男女心理	林慶旺編譯	120元
㉕少女情懷的自白	李桂蘭編譯	120元
㉖由兄弟姊妹看命運	李玉瓊編譯	130元
㉗趣味的科學魔術	林慶旺編譯	150元
㉘趣味的心理實驗室	李燕玲編譯	150元
㉙愛與性心理測驗	小毛驢編譯	130元
㉚刑案推理解謎	小毛驢編譯	130元
㉛偵探常識推理	小毛驢編譯	130元
㉜偵探常識解謎	小毛驢編譯	130元
㉝偵探推理遊戲	小毛驢編譯	130元
㉞趣味的超魔術	廖玉山編著	150元
㉟趣味的珍奇發明	柯素娥編著	150元
㊱登山用具與技巧	陳瑞菊編著	150元

•健 康 天 地• 電腦編號 18

①壓力的預防與治療	柯素娥編譯	130元
②超科學氣的魔力	柯素娥編譯	130元
③尿療法治病的神奇	中尾良一著	130元
④鐵證如山的尿療法奇蹟	廖玉山譯	120元
⑤一日斷食健康法	葉慈容編譯	120元
⑥胃部強健法	陳炳崑譯	120元
⑦癌症早期檢查法	廖松濤譯	160元
⑧老人痴呆症防止法	柯素娥編譯	130元
⑨松葉汁健康飲料	陳麗芬編譯	130元
⑩揉肚臍健康法	永井秋夫著	150元
⑪過勞死、猝死的預防	卓秀貞編譯	130元
⑫高血壓治療與飲食	藤山順豐著	150元
⑬老人看護指南	柯素娥編譯	150元
⑭美容外科淺談	楊啟宏著	150元
⑮美容外科新境界	楊啟宏著	150元
⑯鹽是天然的醫生	西英司郎著	140元
⑰年輕十歲不是夢	梁瑞麟譯	200元
⑱茶料理治百病	桑野和民著	180元
⑲綠茶治病寶典	桑野和民著	150元
⑳杜仲茶養顏減肥法	西田博著	150元
㉑蜂膠驚人療效	瀨長良三郎著	150元
㉒蜂膠治百病	瀨長良三郎著	180元
㉓醫藥與生活	鄭炳全著	180元
㉔鈣長生寶典	落合敏著	180元
㉕大蒜長生寶典	木下繁太郎著	160元
㉖居家自我健康檢查	石川恭三著	160元
㉗永恒的健康人生	李秀鈴譯	200元
㉘大豆卵磷脂長生寶典	劉雪卿譯	150元
㉙芳香療法	梁艾琳譯	160元
㉚醋長生寶典	柯素娥譯	180元
㉛從星座透視健康	席拉・吉蒂斯著	180元
㉜愉悅自在保健學	野本二士夫著	160元
㉝裸睡健康法	丸山淳士等著	160元
㉞糖尿病預防與治療	藤田順豐著	180元
㉟維他命長生寶典	菅原明子著	180元
㊱維他命C新效果	鐘文訓編	150元
㊲手、腳病理按摩	堤芳郎著	160元
㊳AIDS瞭解與預防	彼得塔歇爾著	180元
㊴甲殼質殼聚糖健康法	沈永嘉譯	160元
㊵神經痛預防與治療	木下眞男著	160元
㊶室內身體鍛鍊法	陳炳崑編著	160元

㊷吃出健康藥膳	劉大器編著	180元
㊸自我指壓術	蘇燕謀編著	160元
㊹紅蘿蔔汁斷食療法	李玉瓊編著	150元
㊺洗心術健康秘法	竺翠萍編譯	170元
㊻枇杷葉健康療法	柯素娥編譯	180元
㊼抗衰血癒	楊啟宏著	180元

・實用女性學講座・電腦編號 19

①解讀女性內心世界	島田一男著	150元
②塑造成熟的女性	島田一男著	150元
③女性整體裝扮學	黃靜香編著	180元
④女性應對禮儀	黃靜香編著	180元

・校 園 系 列・電腦編號 20

①讀書集中術	多湖輝著	150元
②應考的訣竅	多湖輝著	150元
③輕鬆讀書贏得聯考	多湖輝著	150元
④讀書記憶秘訣	多湖輝著	150元
⑤視力恢復！超速讀術	江錦雲譯	180元

・實用心理學講座・電腦編號 21

①拆穿欺騙伎倆	多湖輝著	140元
②創造好構想	多湖輝著	140元
③面對面心理術	多湖輝著	160元
④偽裝心理術	多湖輝著	140元
⑤透視人性弱點	多湖輝著	140元
⑥自我表現術	多湖輝著	150元
⑦不可思議的人性心理	多湖輝著	150元
⑧催眠術入門	多湖輝著	150元
⑨責罵部屬的藝術	多湖輝著	150元
⑩精神力	多湖輝著	150元
⑪厚黑說服術	多湖輝著	150元
⑫集中力	多湖輝著	150元
⑬構想力	多湖輝著	150元
⑭深層心理術	多湖輝著	160元
⑮深層語言術	多湖輝著	160元
⑯深層說服術	多湖輝著	180元
⑰掌握潛在心理	多湖輝著	160元

⑱洞悉心理陷阱	多湖輝著	180元

・超現實心理講座・電腦編號 22

①超意識覺醒法	詹蔚芬編譯	130元
②護摩秘法與人生	劉名揚編譯	130元
③秘法！超級仙術入門	陸　明譯	150元
④給地球人的訊息	柯素娥編著	150元
⑤密教的神通力	劉名揚編著	130元
⑥神秘奇妙的世界	平川陽一著	180元
⑦地球文明的超革命	吳秋嬌譯	200元
⑧力量石的秘密	吳秋嬌譯	180元
⑨超能力的靈異世界	馬小莉譯	200元

・養 生 保 健・電腦編號 23

①醫療養生氣功	黃孝寬著	250元
②中國氣功圖譜	余功保著	230元
③少林醫療氣功精粹	井玉蘭著	250元
④龍形實用氣功	吳大才等著	220元
⑤魚戲增視強身氣功	宮　嬰著	220元
⑥嚴新氣功	前新培金著	250元
⑦道家玄牝氣功	張　章著	200元
⑧仙家秘傳袪病功	李遠國著	160元
⑨少林十大健身功	秦慶豐著	180元
⑩中國自控氣功	張明武著	250元
⑪醫療防癌氣功	黃孝寬著	250元
⑫醫療強身氣功	黃孝寬著	250元
⑬醫療點穴氣功	黃孝寬著	220元
⑭中國八卦如意功	趙維漢著	180元
⑮正宗馬禮堂養氣功	馬禮堂著	420元

・社會人智囊・電腦編號 24

①糾紛談判術	清水增三著	160元
②創造關鍵術	淺野八郎著	150元
③觀人術	淺野八郎著	180元
④應急詭辯術	廖英迪編著	160元
⑤天才家學習術	木原武一著	160元
⑥猫型狗式鑑人術	淺野八郎著	180元
⑦逆轉運掌握術	淺野八郎著	180元

⑧人際圓融術	澀谷昌三著	160元
⑨解讀人心術	淺野八郎著	180元
⑩與上司水乳交融術	秋元隆司著	180元

・精 選 系 列・電腦編號 25

①毛澤東與鄧小平	渡邊利夫等著	280元
②中國大崩裂	江戶介雄著	180元
③台灣・亞洲奇蹟	上村幸治著	220元
④7-ELEVEN高盈收策略	國友隆一著	180元
⑤台灣獨立	森　詠著	200元
⑥迷失中國的末路	江戶雄介著	220元
⑦2000年5月全世界毀滅	紫藤甲子男著	180元

・運 動 遊 戲・電腦編號 26

①雙人運動	李玉瓊譯	160元
②愉快的跳繩運動	廖玉山譯	180元
③運動會項目精選	王佑京譯	150元
④肋木運動	廖玉山譯	150元
⑤測力運動	王佑宗譯	150元

・銀髮族智慧學・電腦編號 28

①銀髮六十樂逍遙	多湖輝著	170元
②人生六十反年輕	多湖輝著	170元

・心 靈 雅 集・電腦編號 00

①禪言佛語看人生	松濤弘道著	180元
②禪密教的奧秘	葉逯謙譯	120元
③觀音大法力	田口日勝著	120元
④觀音法力的大功德	田口日勝著	120元
⑤達摩禪106智慧	劉華亭編譯	150元
⑥有趣的佛教研究	葉逯謙編譯	120元
⑦夢的開運法	蕭京凌譯	130元
⑧禪學智慧	柯素娥編譯	130元
⑨女性佛教入門	許俐萍譯	110元
⑩佛像小百科	心靈雅集編譯組	130元
⑪佛教小百科趣談	心靈雅集編譯組	120元
⑫佛教小百科漫談	心靈雅集編譯組	150元

⑬佛教知識小百科	心靈雅集編譯組	150元
⑭佛學名言智慧	松濤弘道著	220元
⑮釋迦名言智慧	松濤弘道著	220元
⑯活人禪	平田精耕著	120元
⑰坐禪入門	柯素娥編譯	120元
⑱現代禪悟	柯素娥編譯	130元
⑲道元禪師語錄	心靈雅集編譯組	130元
⑳佛學經典指南	心靈雅集編譯組	130元
㉑何謂「生」 阿含經	心靈雅集編譯組	150元
㉒一切皆空 般若心經	心靈雅集編譯組	150元
㉓超越迷惘 法句經	心靈雅集編譯組	130元
㉔開拓宇宙觀 華嚴經	心靈雅集編譯組	130元
㉕真實之道 法華經	心靈雅集編譯組	130元
㉖自由自在 涅槃經	心靈雅集編譯組	130元
㉗沈默的教示 維摩經	心靈雅集編譯組	150元
㉘開通心眼 佛語佛戒	心靈雅集編譯組	130元
㉙揭秘寶庫 密教經典	心靈雅集編譯組	130元
㉚坐禪與養生	廖松濤譯	110元
㉛釋尊十戒	柯素娥編譯	120元
㉜佛法與神通	劉欣如編著	120元
㉝悟（正法眼藏的世界）	柯素娥編譯	120元
㉞只管打坐	劉欣如編著	120元
㉟喬答摩・佛陀傳	劉欣如編著	120元
㊱唐玄奘留學記	劉欣如編著	120元
㊲佛教的人生觀	劉欣如編譯	110元
㊳無門關（上卷）	心靈雅集編譯組	150元
㊴無門關（下卷）	心靈雅集編譯組	150元
㊵業的思想	劉欣如編著	130元
㊶佛法難學嗎	劉欣如著	140元
㊷佛法實用嗎	劉欣如著	140元
㊸佛法殊勝嗎	劉欣如著	140元
㊹因果報應法則	李常傳編	140元
㊺佛教醫學的奧秘	劉欣如編著	150元
㊻紅塵絕唱	海　若著	130元
㊼佛教生活風情	洪丕謨、姜玉珍著	220元
㊽行住坐臥有佛法	劉欣如著	160元
㊾起心動念是佛法	劉欣如著	160元
㊿四字禪語	曹洞宗青年會	200元
51妙法蓮華經	劉欣如編著	160元

㊷根本佛教與大乘佛教	葉作森編	元

·經 營 管 理·電腦編號01

◎創新經營管理六十六大計（精）	蔡弘文編	780元
①如何獲取生意情報	蘇燕謀譯	110元
②經濟常識問答	蘇燕謀譯	130元
③股票致富68秘訣	簡文祥譯	200元
④台灣商戰風雲錄	陳中雄著	120元
⑤推銷大王秘錄	原一平著	180元
⑥新創意・賺大錢	王家成譯	90元
⑦工廠管理新手法	琪　輝著	120元
⑧奇蹟推銷術	蘇燕謀譯	100元
⑨經營參謀	柯順隆譯	120元
⑩美國實業24小時	柯順隆譯	80元
⑪撼動人心的推銷法	原一平著	150元
⑫高竿經營法	蔡弘文編	120元
⑬如何掌握顧客	柯順隆譯	150元
⑭一等一賺錢策略	蔡弘文編	120元
⑯成功經營妙方	鐘文訓著	120元
⑰一流的管理	蔡弘文編	150元
⑱外國人看中韓經濟	劉華亭譯	150元
⑲企業不良幹部群相	琪輝編著	120元
⑳突破商場人際學	林振輝編著	90元
㉑無中生有術	琪輝編著	140元
㉒如何使女人打開錢包	林振輝編著	100元
㉓操縱上司術	邑井操著	90元
㉔小公司經營策略	王嘉誠著	160元
㉕成功的會議技巧	鐘文訓編譯	100元
㉖新時代老闆學	黃柏松編著	100元
㉗如何創造商場智囊團	林振輝編譯	150元
㉘十分鐘推銷術	林振輝編譯	180元
㉙五分鐘育才	黃柏松編譯	100元
㉚成功商場戰術	陸明編譯	100元
㉛商場談話技巧	劉華亭編譯	120元
㉜企業帝王學	鐘文訓譯	90元
㉝自我經濟學	廖松濤編譯	100元
㉞一流的經營	陶田生編著	120元
㉟女性職員管理術	王昭國編譯	120元
㊱ＩＢＭ的人事管理	鐘文訓編譯	150元
㊲現代電腦常識	王昭國編譯	150元

㊳電腦管理的危機	鐘文訓編譯	120元
㊴如何發揮廣告效果	王昭國編譯	150元
㊵最新管理技巧	王昭國編譯	150元
㊶一流推銷術	廖松濤編譯	150元
㊷包裝與促銷技巧	王昭國編譯	130元
㊸企業王國指揮塔	松下幸之助著	120元
㊹企業精銳兵團	松下幸之助著	120元
㊺企業人事管理	松下幸之助著	100元
㊻華僑經商致富術	廖松濤編譯	130元
㊼豐田式銷售技巧	廖松濤編譯	180元
㊽如何掌握銷售技巧	王昭國編著	130元
㊿洞燭機先的經營	鐘文訓編譯	150元
52新世紀的服務業	鐘文訓編譯	100元
53成功的領導者	廖松濤編譯	120元
54女推銷員成功術	李玉瓊編譯	130元
55ＩＢＭ人才培育術	鐘文訓編譯	100元
56企業人自我突破法	黃琪輝編著	150元
58財富開發術	蔡弘文編著	130元
59成功的店舖設計	鐘文訓編著	150元
61企管回春法	蔡弘文編著	130元
62小企業經營指南	鐘文訓編譯	100元
63商場致勝名言	鐘文訓編譯	150元
64迎接商業新時代	廖松濤編譯	100元
66新手股票投資入門	何朝乾　編	180元
67上揚股與下跌股	何朝乾編譯	180元
68股票速成學	何朝乾編譯	180元
69理財與股票投資策略	黃俊豪編著	180元
70黃金投資策略	黃俊豪編著	180元
71厚黑管理學	廖松濤編譯	180元
72股市致勝格言	呂梅莎編譯	180元
73透視西武集團	林谷燁編譯	150元
76巡迴行銷術	陳蒼杰譯	150元
77推銷的魔術	王嘉誠譯	120元
7860秒指導部屬	周蓮芬編譯	150元
79精銳女推銷員特訓	李玉瓊編譯	130元
80企劃、提案、報告圖表的技巧	鄭　汶　譯	180元
81海外不動產投資	許達守編譯	150元
82八百件的世界策略	李玉瓊譯	150元
83服務業品質管理	吳宜芬譯	180元
84零庫存銷售	黃東謙編譯	150元
85三分鐘推銷管理	劉名揚編譯	150元

㊇推銷大王奮鬥史	原一平著	150元
㊈豐田汽車的生產管理	林谷燁編譯	150元

・成功寶庫・電腦編號 02

①上班族交際術	江森滋著	100元
②拍馬屁訣竅	廖玉山編譯	110元
④聽話的藝術	歐陽輝編譯	110元
⑨求職轉業成功術	陳　義編著	110元
⑩上班族禮儀	廖玉山編著	120元
⑪接近心理學	李玉瓊編著	100元
⑫創造自信的新人生	廖松濤編著	120元
⑭上班族如何出人頭地	廖松濤編著	100元
⑮神奇瞬間瞑想法	廖松濤編譯	100元
⑯人生成功之鑰	楊意苓編著	150元
⑲給企業人的諍言	鐘文訓編著	120元
⑳企業家自律訓練法	陳　義編譯	100元
㉑上班族妖怪學	廖松濤編著	100元
㉒猶太人縱橫世界的奇蹟	孟佑政編著	110元
㉓訪問推銷術	黃静香編著	130元
㉕你是上班族中強者	嚴思圖編著	100元
㉖向失敗挑戰	黃静香編著	100元
㉙機智應對術	李玉瓊編著	130元
㉚成功頓悟100則	蕭京凌編譯	130元
㉛掌握好運100則	蕭京凌編譯	110元
㉜知性幽默	李玉瓊編譯	130元
㉝熟記對方絕招	黃静香編譯	100元
㉞男性成功秘訣	陳蒼杰編譯	130元
㊱業務員成功秘方	李玉瓊編著	120元
㊲察言觀色的技巧	劉華亭編著	130元
㊳一流領導力	施義彥編譯	120元
㊴一流說服力	李玉瓊編著	130元
㊵30秒鐘推銷術	廖松濤編譯	150元
㊶猶太成功商法	周蓮芬編譯	120元
㊷尖端時代行銷策略	陳蒼杰編著	100元
㊸顧客管理學	廖松濤編著	100元
㊹如何使對方說Yes	程　羲編著	150元
㊺如何提高工作效率	劉華亭編著	150元
㊼上班族口才學	楊鴻儒譯	120元
㊽上班族新鮮人須知	程　羲編著	120元
㊾如何左右逢源	程　羲編著	130元

㊿語言的心理戰	多湖輝著	130元
51扣人心弦演說術	劉名揚編著	120元
53如何增進記憶力、集中力	廖松濤譯	130元
55性惡企業管理學	陳蒼杰譯	130元
56自我啟發200招	楊鴻儒編著	150元
57做個傑出女職員	劉名揚編著	130元
58靈活的集團營運術	楊鴻儒編著	120元
60個案研究活用法	楊鴻儒編著	130元
61企業教育訓練遊戲	楊鴻儒編著	120元
62管理者的智慧	程　義編譯	130元
63做個佼佼管理者	馬筱莉編譯	130元
64智慧型說話技巧	沈永嘉編譯	130元
66活用佛學於經營	松濤弘道著	150元
67活用禪學於企業	柯素娥編譯	130元
68詭辯的智慧	沈永嘉編譯	150元
69幽默詭辯術	廖玉山編譯	150元
70拿破崙智慧箴言	柯素娥編譯	130元
71自我培育・超越	蕭京凌編譯	150元
74時間即一切	沈永嘉編譯	130元
75自我脫胎換骨	柯素娥譯	150元
76贏在起跑點—人才培育鐵則	楊鴻儒編譯	150元
77做一枚活棋	李玉瓊編譯	130元
78面試成功戰略	柯素娥編譯	130元
79自我介紹與社交禮儀	柯素娥編譯	150元
80說NO的技巧	廖玉山編譯	130元
81瞬間攻破心防法	廖玉山編譯	120元
82改變一生的名言	李玉瓊編譯	130元
83性格性向創前程	楊鴻儒編譯	130元
84訪問行銷新竅門	廖玉山編譯	150元
85無所不達的推銷話術	李玉瓊編譯	150元

•處世智慧•電腦編號03

①如何改變你自己	陸明編譯	120元
④幽默說話術	林振輝編譯	120元
⑤讀書36計	黃柏松編譯	120元
⑥靈感成功術	譚繼山編譯	80元
⑧扭轉一生的五分鐘	黃柏松編譯	100元
⑨知人、知面、知其心	林振輝譯	110元
⑩現代人的詭計	林振輝譯	100元
⑫如何利用你的時間	蘇遠謀譯	80元

⑬口才必勝術	黃柏松編譯	120元
⑭女性的智慧	譚繼山編譯	90元
⑮如何突破孤獨	張文志編譯	80元
⑯人生的體驗	陸明編譯	80元
⑰微笑社交術	張芳明譯	90元
⑱幽默吹牛術	金子登著	90元
⑲攻心說服術	多湖輝著	100元
⑳當機立斷	陸明編譯	70元
㉑勝利者的戰略	宋恩臨編譯	80元
㉒如何交朋友	安紀芳編著	70元
㉓鬥智奇謀（諸葛孔明兵法）	陳炳崑著	70元
㉔慧心良言	亦　奇著	80元
㉕名家慧語	蔡逸鴻主編	90元
㉗稱霸者啟示金言	黃柏松編譯	90元
㉘如何發揮你的潛能	陸明編譯	90元
㉙女人身態語言學	李常傳譯	130元
㉚摸透女人心	張文志譯	90元
㉛現代戀愛秘訣	王家成譯	70元
㉜給女人的悄悄話	妮倩編譯	90元
㉞如何開拓快樂人生	陸明編譯	90元
㉟驚人時間活用法	鐘文訓譯	80元
㊱成功的捷徑	鐘文訓譯	70元
㊲幽默逗笑術	林振輝著	120元
㊳活用血型讀書法	陳炳崑譯	80元
㊴心　燈	葉于模著	100元
㊵當心受騙	林顯茂譯	90元
㊶心・體・命運	蘇燕謀譯	70元
㊷如何使頭腦更敏銳	陸明編譯	70元
㊸宮本武藏五輪書金言錄	宮本武藏著	100元
㊺勇者的智慧	黃柏松編譯	80元
㊼成熟的愛	林振輝譯	120元
㊽現代女性駕馭術	蔡德華著	90元
㊾禁忌遊戲	酒井潔著	90元
52摸透男人心	劉華亭編譯	80元
53如何達成願望	謝世輝著	90元
54創造奇蹟的「想念法」	謝世輝著	90元
55創造成功奇蹟	謝世輝著	90元
56男女幽默趣典	劉華亭譯	90元
57幻想與成功	廖松濤譯	80元
58反派角色的啟示	廖松濤編譯	70元
59現代女性須知	劉華亭編著	75元

⑹機智說話術	劉華亭編譯	100元
⑹如何突破內向	姜倩怡編譯	110元
⑹讀心術入門	王家成編譯	100元
⑹如何解除內心壓力	林美羽編著	110元
⑹取信於人的技巧	多湖輝著	110元
⑹如何培養堅強的自我	林美羽編著	90元
⑹自我能力的開拓	卓一凡編著	110元
⑺縱橫交涉術	嚴思圖編著	90元
⑺如何培養妳的魅力	劉文珊編著	90元
⑺魅力的力量	姜倩怡編著	90元
⑺金錢心理學	多湖輝著	100元
⑺語言的圈套	多湖輝著	110元
⑺個性膽怯者的成功術	廖松濤編譯	100元
⑺人性的光輝	文可式編著	90元
⑺驚人的速讀術	鐘文訓編譯	90元
⑺培養靈敏頭腦秘訣	廖玉山編著	90元
⑻夜晚心理術	鄭秀美編譯	80元
⑻如何做個成熟的女性	李玉瓊編著	80元
⑻現代女性成功術	劉文珊編著	90元
⑻成功說話技巧	梁惠珠編譯	100元
⑻人生的真諦	鐘文訓編譯	100元
⑻妳是人見人愛的女孩	廖松濤編著	120元
⑻指尖・頭腦體操	蕭京凌編譯	90元
⑻電話應對禮儀	蕭京凌編著	120元
⑻自我表現的威力	廖松濤編譯	100元
⑼名人名語啟示錄	喬家楓編著	100元
⑼男與女的哲思	程鐘梅編譯	110元
⑼靈思慧語	牧　風著	110元
⑼心靈夜語	牧　風著	100元
⑼激盪腦力訓練	廖松濤編譯	100元
⑼三分鐘頭腦活性法	廖玉山編譯	110元
⑼星期一的智慧	廖玉山編譯	100元
⑼溝通說服術	賴文琇編譯	100元
⑼超速讀超記憶法	廖松濤編譯	140元

・健康與美容・電腦編號 04

①B型肝炎預防與治療	曾慧琪譯	130元
③媚酒傳（中國王朝秘酒）	陸明主編	120元
④藥酒與健康果菜汁	成玉主編	150元
⑤中國回春健康術	蔡一藩著	100元

⑥奇蹟的斷食療法	蘇燕謀譯	110元
⑧健美食物法	陳炳崑譯	120元
⑨驚異的漢方療法	唐龍編著	90元
⑩不老強精食	唐龍編著	100元
⑪經脈美容法	月乃桂子著	90元
⑫五分鐘跳繩健身法	蘇明達譯	100元
⑬睡眠健康法	王家成譯	80元
⑭你就是名醫	張芳明譯	90元
⑮如何保護你的眼睛	蘇燕謀譯	70元
⑲釋迦長壽健康法	譚繼山譯	90元
⑳腳部按摩健康法	譚繼山譯	120元
㉑自律健康法	蘇明達譯	90元
㉓身心保健座右銘	張仁福著	160元
㉔腦中風家庭看護與運動治療	林振輝譯	100元
㉕秘傳醫學人相術	成玉主編	120元
㉖導引術入門(1)治療慢性病	成玉主編	110元
㉗導引術入門(2)健康・美容	成玉主編	110元
㉘導引術入門(3)身心健康法	成玉主編	110元
㉙妙用靈藥・蘆薈	李常傳譯	150元
㉚萬病回春百科	吳通華著	150元
㉛初次懷孕的10個月	成玉編譯	130元
㉜中國秘傳氣功治百病	陳炳崑編譯	130元
㉞仙人成仙術	陸明編譯	100元
㉟仙人長生不老學	陸明編譯	100元
㊱釋迦秘傳米粒刺激法	鐘文訓譯	120元
㊲痔・治療與預防	陸明編譯	130元
㊳自我防身絕技	陳炳崑編譯	120元
㊴運動不足時疲勞消除法	廖松濤譯	110元
㊵三溫暖健康法	鐘文訓編譯	90元
㊸維他命與健康	鐘文訓譯	150元
㊺森林浴—綠的健康法	劉華亭編譯	80元
㊼導引術入門(4)酒浴健康法	成玉主編	90元
㊽導引術入門(5)不老回春法	成玉主編	90元
㊾山白竹（劍竹）健康法	鐘文訓譯	90元
㊿解救你的心臟	鐘文訓編譯	100元
51牙齒保健法	廖玉山譯	90元
52超人氣功法	陸明編譯	110元
53超能力秘密開發法	廖松濤譯	80元
54借力的奇蹟(1)	力拔山著	100元
55借力的奇蹟(2)	力拔山著	100元
56五分鐘小睡健康法	呂添發撰	120元

㊼禿髮、白髮預防與治療	陳炳崑撰	120元
㊾艾草健康法	張汝明編譯	90元
㊿一分鐘健康診斷	蕭京凌編譯	90元
61念術入門	黃靜香編譯	90元
62念術健康法	黃靜香編譯	90元
63健身回春法	梁惠珠編譯	100元
64姿勢養生法	黃秀娟編譯	90元
65仙人瞑想法	鐘文訓譯	120元
66人蔘的神效	林慶旺譯	100元
67奇穴治百病	吳通華著	120元
68中國傳統健康法	靳海東著	100元
69下半身減肥法	納他夏・史達賓著	110元
70使妳的肌膚更亮麗	楊　皓編譯	100元
71酵素健康法	楊　皓編譯	120元
73腰痛預防與治療	五味雅吉著	100元
74如何預防心臟病・腦中風	譚定長等著	100元
75少女的生理秘密	蕭京凌譯	120元
76頭部按摩與針灸	楊鴻儒譯	100元
77雙極療術入門	林聖道著	100元
78氣功自療法	梁景蓮著	120元
79大蒜健康法	李玉瓊編譯	100元
81健胸美容秘訣	黃靜香譯	120元
82鍺奇蹟療效	林宏儒譯	120元
83三分鐘健身運動	廖玉山譯	120元
84尿療法的奇蹟	廖玉山譯	120元
85神奇的聚積療法	廖玉山譯	120元
86預防運動傷害伸展體操	楊鴻儒編譯	120元
88五日就能改變你	柯素娥譯	110元
89三分鐘氣功健康法	陳美華譯	120元
90痛風劇痛消除法	余昇凌譯	120元
91道家氣功術	早島正雄著	130元
92氣功減肥術	早島正雄著	120元
93超能力氣功法	柯素娥譯	130元
94氣的瞑想法	早島正雄著	120元

・家 庭 ／ 生 活・電腦編號 05

①單身女郎生活經驗談	廖玉山編著	100元
②血型・人際關係	黃靜編著	120元
③血型・妻子	黃靜編著	110元
④血型・丈夫	廖玉山編譯	130元

大展好書　好書大展